世界五千年
科技故事丛书

卢嘉锡题

世界五千年科技故事丛书

现代中国科学事业的拓荒者

卢嘉锡的故事

丛书主编　管成学　赵骥民

编著　张艳梅

吉林出版集团 | 吉林科学技术出版社

图书在版编目（CIP）数据

现代中国科学事业的拓荒者：卢嘉锡的故事 / 管成学，
赵骥民主编. -- 长春：吉林科学技术出版社，2012.10（2022.1 重印）
　ISBN 978-7-5384-6111-4

　Ⅰ.① 现… Ⅱ.① 管… ② 赵… Ⅲ.① 卢嘉锡（1915～2001）
－生平事迹－通俗读物 Ⅳ.① K826.1-49

中国版本图书馆CIP数据核字（2012）第156256号

现代中国科学事业的拓荒者：卢嘉锡的故事

主　　编	管成学　赵骥民
出 版 人	宛　霞
选题策划	张瑛琳
责任编辑	朱　萌
封面设计	新华智品
制　　版	长春美印图文设计有限公司
开　　本	640mm×960mm　1 / 16
字　　数	100千字
印　　张	7.5
版　　次	2012年10月第1版
印　　次	2022年1月第4次印刷

出　　版	吉林出版集团
	吉林科学技术出版社
发　　行	吉林科学技术出版社
地　　址	长春市净月区福祉大路 5788 号
邮　　编	130118
发行部电话 / 传真	0431-81629529　81629530　81629531
	81629532　81629533　81629534
储运部电话	0431-86059116
编辑部电话	0431-81629518
网　　址	www.jlstp.net
印　　刷	北京一鑫印务有限责任公司

书　　号	ISBN 978-7-5384-6111-4
定　　价	33.00元

序　言

十一届全国人大副委员长、中国科学院前院长、两院院士

路甬祥

　　放眼21世纪，科学技术将以无法想象的速度迅猛发展，知识经济将全面崛起，国际竞争与合作将出现前所未有的激烈和广泛局面。在严峻的挑战面前，中华民族靠什么屹立于世界民族之林？靠人才，靠德、智、体、能、美全面发展的一代新人。今天的中小学生届时将要肩负起民族强盛的历史使命。为此，我们的知识界、出版界都应责无旁贷地多为他们提供丰富的精神养料。现在，一套大型的向广大青少年传播世界科学技术史知识的科普读物《世

界五千年科技故事丛书》出版面世了。

由中国科学院自然科学研究所、清华大学科技史暨古文献研究所、中国中医研究院医史文献研究所和温州师范学院、吉林省科普作家协会的同志们共同撰写的这套丛书，以世界五千年科学技术史为经，以各时代杰出的科技精英的科技创新活动作纬，勾画了世界科技发展的生动图景。作者着力于科学性与可读性相结合，思想性与趣味性相结合，历史性与时代性相结合，通过故事来讲述科学发现的真实历史条件和科学工作的艰苦性。本书中介绍了科学家们独立思考、敢于怀疑、勇于创新、百折不挠、求真务实的科学精神和他们在工作生活中宝贵的协作、友爱、宽容的人文精神。使青少年读者从科学家的故事中感受科学大师们的智慧、科学的思维方法和实验方法，受到有益的思想启迪。从有关人类重大科技活动的故事中，引起对人类社会发展重大问题的密切关注，全面地理解科学，树立正确的科学观，在知识经济时代理智地对待科学、对待社会、对待人生。阅读这套丛书是对课本的很好补充，是进行素质教育的理想读物。

读史使人明智。在历史的长河中，中华民族曾经创造了灿烂的科技文明，明代以前我国的科技一直处于世界领先地位，涌现出张衡、张仲景、祖冲之、僧一行、沈括、郭守敬、李时珍、徐光启、宋应星这样一批具有世界影响的科学家，而在近现代，中国具有世界级影响的科学家并不多，与我们这个有着13亿人口的泱泱大国并不相称，与世界先进科技水平相比较，在总体上我国的科技水平还存在着较大差距。当今世界各国都把科学技术视为推动社会发展的巨大动力，把培养科技创新人才当做提高创新能力的战略方针。我国也不失时机地确立了科技兴国战略，确立了全面实施素质教育，提高全民素质，培养适应21世纪需要的创新人才的战略决策。党的十六大又提出要形成全民学习、终身学习的学习型社会，形成比较完善的科技和文化创新体系。要全面建设小康社会，加快推进社会主义现代化建设，我们需要一代具有创新精神的人才，需要更多更伟大的科学家和工程技术人才。我真诚地希望这套丛书能激发青少年爱祖国、爱科学的热情，树立起献身科技事业的信念，努力拼搏，勇攀高峰，争当新世纪的优秀科技创新人才。

目　录

目录 _____

反抗日本强盗的勇敢少年

　　台南，与赤嵌楼遥遥相望的一座大院中，突然间进来七八个拿刀带枪的日本人。

　　午后的静谧被打碎了。日本兵趾高气扬地站在院中那株高大的指甲花树下，"哇啦哇啦"地说着什么。围观的人们满脸气愤。

　　正在这时，一位身穿白色长衫的年轻人匆匆走进院子，几步跨到树下，双眼喷火，怒视着张牙舞爪的入侵者。两个日本兵上前抓住他的手臂。

　　"放开我，这树是我们卢家在台传世的象征，我看你们谁敢动！"白衣青年毫不畏惧，大声喝道。

日本兵恶狠狠地推开他，然后，一阵粗暴的刀砍斧锯，高大的指甲花树在簌簌发抖，白衣青年愤怒得紧咬双唇。他几次扑上去，都被日本兵拳打脚踢挡了回来。屈辱像一把利剑，无情地切割着他的心。

时间一分一秒地过去了。每一分每一秒在这个满腔怒火的年轻人心中，都像一个世纪那样漫长。枝繁叶茂的指甲花树终于"轰"的一声，倒进了尘土之中，顿时灰尘满天，遮蔽了灿烂的阳光。

白衣青年撕心裂肺地大吼一声，口吐鲜血，晕倒在地。日本兵狞笑着扬长而去，周围的人把青年抬进屋里。

第二天，明媚的阳光穿窗而入，面色苍白的青年从床上坐起，缓缓睁开双眼，院子里空荡荡、白茫茫。他恍恍惚惚地记起昨天发生的一切，一种锥心刺骨的伤痛再次击倒了他，世界在他眼中愈来愈模糊，唯有仇恨在他心中愈来愈强烈。

……

卢东启独自坐在日光岩上，迎着清冽的海风，听着海浪呼啸着击打在岸边的岩石上，不堪回首的往事一幕幕从眼前滑过，国仇、家恨交织一起。再次不可遏止地涌上他的心头，痛苦地煎熬着他。

　　因为不堪受辱，20世纪初，卢东启、郭莞卿夫妇随祖父立轩老人离开台湾，返回大陆。他们没有投奔祖籍地永定，而是选择经济文化比较发达的海港城市厦门定居下来。

　　在闽南厦门一带，但凡不同的宗族都有自己的灯号。立轩老人为入闽后的卢氏家族取了个灯号叫"留种园"。因为全部产业都在台湾，为维持生计，立轩老人在家设私塾教书，塾名就叫"留种园"。不久，老人辞世，卢东启继承祖业，成为"留种园"年轻的私塾先生。

　　卢东启和郭莞卿夫妇，于1903年生下长子雨亭。继雨亭之后的两胎女孩却不幸相继夭折，这在饱经忧患的卢东启夫妇心中投下了浓重的阴影。1915年10月26日，卢家大院又迎来了一个活泼、健壮的小生命。新生儿响亮的哭声终于驱散了愁云，给忧患多年的卢家平添了许多生气与欢乐。

　　因为小儿子生就一副虎头虎脑的模样，嗓门又特别大，所以父亲亲切地叫他"狮儿、阿狮"。阿狮在父母无微不至的关爱中渐渐长大了。他不仅懂事听话，而且乖巧可爱。唯一让父母感到忧虑的是，孩子已经3周岁了，却只能"咿呀"、"咿呀"地发音，一句话也不会说。

哥哥雨亭和小他两岁的弟弟做游戏时，阿狮多半一个人静静地坐在一边翻看图画，仿佛他有一个不受人干扰的独立的世界。没有人知道他在想什么，也没有人知道他需要什么。

阿狮最喜欢做的事是每天吃过早饭后，搬个小凳，坐在一边旁听父亲讲课。卢东启不知道儿子能听懂什么，不过，每次看到狮儿平静而执著的表情，他的心里都会涌起一种浓浓的慈爱和深深的期待。

母亲常常忧心忡忡地看着阿狮安静地翻看图画，"难道狮儿是个哑巴？"这个问题，她不知道在心里问了多少次。

"莞卿，放心吧，狮儿不会有事的。你别看他老不说话，说不定将来会有大出息呢！"卢东启自信地安慰着自己的妻子。

又是一年除夕，厦门城中喜气洋洋，爆竹声声，家家户户都在忙着摆供桌、上祭品，打扫庭院，欢庆佳节。郭莞卿忙里忙外，很快打点好了一切。卢东启因为"留种园"的学生已经放假，忙里偷闲，在书房中吟咏古人庆佳节的诗作，倒也自得其乐。

阿狮坐在父亲身旁，听得津津有味。父亲亲切地拍了

拍儿子的肩头，

"狮儿，你说读书好不好？"

"当然好，爹，我要念书！"阿狮忽闪着一双聪慧的大眼睛，毫不犹豫地答道。

卢东启问话之初，并没有想得到儿子的回答，因为他知道狮儿还不会说话。所以，当他听到儿子的答复后，好半天才反应过来，他有些不敢相信自己的耳朵，又问了一遍：

"狮儿，你想做什么？"

"爹，我想跟你念书。"阿狮声音清脆悦耳，特别动听。

卢东启顿时热泪盈眶，心爱的儿子终于会说话了，而且刚刚4岁的孩子说出的第一句话竟是"我要念书"，这更让他感到万分惊喜。

1918年的除夕，因为狮儿第一次开口讲话，对企盼说话的卢东启夫妇，有着极为重要的意义。

第二年，父亲决定收阿狮为入门弟子，并且给他取了一个正式名字——"嘉锡"。这个名字是从《书经》中"嘉天之锡"一句脱化而来的，意思是"感谢上天的赏赐。"嘉锡聪颖迟露，曾使父母心悬已久，一旦发现孩子其实智力过人，父母心中难免会有一种"谢天谢地"的庆幸感。这个名字不仅蕴含着卢东启夫妇对儿子的挚爱，而且浓缩着他们的期望，期望儿子平安快乐，成为国家的有用之才。

就这样，5岁的嘉锡成为"留种园"最小的一名学生。

每天上午，"留种园"总是书声琅琅。面容清瘦的卢东启先生一袭青布长衫，朴素中透着文雅，言行中见出品格。他为弟子们上课从不敷衍了事，唯有严师才能出高徒，卢东启深谙这个道理，所以，对每个学生，他都尽心竭力地教。他有教无类，无论是官宦子弟，还是平民子弟，都一视同仁，悉心教导。

在厦门一带，卢东启很快名闻遐迩。很多人慕名登门拜师，他总是以礼相待，有问必答。人们钦佩他渊博的学识，也敬重他高尚的品格。

卢东启不仅执教有方，而且家教甚严。在家中，他要求孩子们的言行必须合乎礼仪，举止不可没有规矩；并且注重培养孩子勤俭节约、热爱劳动的习惯，以及自强自立的精神。

在"留种园"，卢东启讲授的主要内容是"四书五经"。他执教严谨，为人正直，一向把读书和做人的关系看得很重。所选教材，大抵属豪放篇章，目的是培养孩子们博大的胸怀和宏伟的志向。这对嘉锡性格及人生观的形成产生了深远的影响。

嘉锡在父亲的严格教导下，进步很快。他不仅聪明伶俐，而且勤奋过人。两三年的时间，他就初步打下了旧学功底，又练就了一手较清秀工整的好字，常常帮父亲抄写诗文。有一次，卢东启为正忙着给过去筹备婚礼的学生傅庚辛医生作了一首诗，把打好的腹稿念给嘉锡听让他逐句写下来。谁知，傅医生收到贺诗后，竟发现上面有个错字。事后，他曾向老师提及此事。卢东启很生气，接连几天训斥儿子做事马虎。这件事在嘉锡幼小的心灵中留下了深刻的印象，从这此后，他做事细心、谨慎了。

在嘉锡心中，父亲一向十分严厉，极少言笑。他很希望父亲能多陪陪他，能多和他说说话。这个愿望很快实现了，有一天，轻易不出门的父亲突然来了兴致，要带他们兄弟去鼓浪屿游玩。

这可是从未有过的事。一路上，嘉锡兴奋得又说又笑，蹦蹦跳跳。他们搭渡船过海峡来到鼓浪屿后，父亲让雨亭搀扶着，一步步登上高高的"日光岩"。

　　父子4人坐在日光岩上，举目远眺，海港内渔船纵横交织，海上大小岛屿星罗棋布。清新的海风迎面吹来，灿烂的阳光轻抚着每个人的脸。父亲遥望台湾岛，陷入了久久的沉思。嘉锡东瞧瞧、西看看，蓝天、白云、红花、绿草仿佛成了他少年的梦，他感到从未有过的轻松和愉快。大自然以其独特的方式，为一颗纯真的童心展示了生活中最美好的一页。

　　父亲从沉思中抬起头来，拍了拍嘉锡的肩膀，说：

　　"来，坐下，孩子，我给你们讲个故事。"

　　兄弟三人围着父亲坐好，日光岩上响起了卢东启低缓有节奏的声音：

　　"明朝末年，出了一位伟大的民族英雄，他就是郑成功。郑成功率领爱国将士历尽艰难险阻，从厦门横渡海峡，赶走了荷兰殖民者，收复了祖国神圣领土台湾。'日光岩'就是当年郑成功操练水师的指挥台。收复台湾后，台南市的赤嵌楼就成了他的军事指挥部。迁居厦门前，我们卢家在台湾的老家 刚好与赤嵌楼遥遥相对……"

　　卢东启的眼底蓄满了历史的征尘，人世沧桑。他半生奔波转徙，根本原因就是国家不强，百姓才遭洋人凌辱。接着，他又为三个儿子讲述了卢家的家世。就在那棵指甲花树被日本人砍倒的当天，他因急火攻心，落下眼疾，久治不愈，年纪轻轻时就接近双目失明了。

嘉锡含着泪抬起头，这是他第一次了解父亲及自己家族经历的种种磨难，第一次了解父亲心中深藏的仇恨、悲苦。一时间，他觉得自己长大了许多，尽管他还不能完全理解父亲所说的一切，但他至少懂得了父亲责子以严的一片苦心。孩子，如今是这个饱经忧患的父亲唯一的希望和全部的梦想啊！

把学习当做快乐
的十三岁大学生

　　1926年春天，11岁的嘉锡进入商密小学读书。商密小学是厦门南洋商业同业公会刚创办的一所学校。校址就在卢家的隔壁。嘉锡的四叔卢文启是同业公会的顾问，学校校名是卢东启拟定的，因此，嘉锡在学费方面颇受优惠。

　　入学时，嘉锡已超出正常入学年龄。好在他已有相当的旧学基础，在家时还跟哥哥雨亭学过一点算术和英文，入学前又在哥哥的辅导下临时突击了一番，所以一下子就插入六年级。老师们担心他跟不上，谁知，这年全市举行国文会考，嘉锡初出茅庐，就取得了第三名的好成绩，令所有老师和同学对这个刚刚入学、年龄最小的插班生刮目相看。

嘉锡并不因此骄傲，他补学了未学过的功课，尤其是算术和英文，都取得了不错的成绩。这样，他只用了一年时间，就完成了小学阶段的学习，向求学生涯的下一个目标前进了。

1927年，卢嘉锡进入育才学社学习。在这所学校任教的六叔卢心启因家境稍好，主动承担了他的全部学习费用。这对一个热爱学习、求知欲极强的穷孩子来说，无疑又是一个绝好的机会。嘉锡当然懂得这一点，他一分钟也舍不得浪费。

育才学社的师生们很快就发现了一个奇怪的现象——身材瘦小、聪敏过人的卢嘉锡像游侠一样行踪不定。他时而上一年级的课，时而进二年级的门，有时一个上午去"光顾"好几个班级。很多同学都不知该称他"学兄"还是"学弟"。原来嘉锡上中学后仍然采取跳跃式的办法，同时念着二年级的国文，一、二年的数学和一年的英文。

嘉锡学得踏踏实实，轻松愉快，读书能使他忘掉身外的一切，为自己的心灵找到最好的停泊之所。虽然他才

12岁，正处在幼稚好玩的少年时期，可是，他的全身都燃烧着生命的热情，一种不屈不挠、一往无前的精神支撑着他，使他显得成熟而自信。

不料，半年后，育才学社因思想进步、为人耿直的校长黄幼垣先生得罪了当局而被迫关闭。为了使嘉锡的学业不致中断，父亲设法让他转学。因为经济拮据，学费还得依靠亲友的资助。卢家有位世交，叫杨景文，是一位正直、受人敬重的知识分子。他在1924年，创办了厦门大同中学，卢东启请他提携爱子，杨景文慨然答应。

嘉锡到大同中学后，直接插入三年级。这次他面临的考验比以前要严峻多了，中学一、二年的课程总共只学了半年，缺课很多，尤其是英文。转学后的几次英文考试，他都不及格。嘉锡是个不肯向困难低头、向挫折认输的孩子，他下定决心，一定要把缺的课补上来，把成绩追上来。

从此，向来安静的嘉锡更加沉默寡言了。每天放学回家，他从不和家人闲谈，即使吃饭时也是一边吃饭，一边读书，常常是只顾吞咽米饭，忘了吃菜。母亲心疼地为儿子夹菜，还不时地劝儿子吃了再读。

"不行啊，妈妈，我不努力就会被落得更远，我一定要赶上去，您放心吧！"嘉锡感激地看着满脸慈爱的母亲，匆匆答道。

由于不断地刻苦努力，嘉锡的英文很快跟上了。到了后来，他的功课门门优秀，很多同学都向他请教各种问题，嘉锡谦逊、热诚，对同学有求必应，耐心细致，深得师生好评。

1928年秋，卢嘉锡在大同中学读完三年级，准备报考厦门大学预科。不过，他首先要面对的是报考资格问题。厦门大学对录取新生一向要求严格，入学章程中规定：预科新生的报考资格为"四年制中学毕业或三年制高级中学肄业一年以上，而品行端正者"，嘉锡只有中学三年级的学历，不具备报考资格。怎么办呢？聪明的大哥雨亭想出了一个好办法：不妨找大同中学校长杨景文先生商量一下，请他帮帮忙。

弄清卢家兄弟的来意后，杨景文先生沉吟片刻，问道：

"嘉锡，你想提前报考预科，有把握吗？"

"把握我不敢说，不过，四年级的各门课程我全部自学过了，离报考还有一段时间，我可以竭尽全力准备一番。"嘉锡答得谦虚自信。

"好吧，嘉锡，你既已下定决心，就好好准备吧，我会帮助你。"杨景文先生考虑再三，终于答应了兄弟二人的请求。他一向喜欢勤学好问的嘉锡，对他的学识、才智十分赏识，所以虽然大同中学没有随便替人出具文凭的先例，他还是乐于荐才，为嘉锡破了一次例。

拿到文凭后，卢嘉锡一头扎进书堆，为即将到来的重大考试做最后的冲刺。全家人和亲朋好友都非常重视、关心这件事，经常鼓舞嘉锡，大哥雨亭更是把自己的事放置一边，全身心地投入到辅导弟弟的学习中去。大家都对嘉锡充满信心，唯有母亲看着儿子愈来愈瘦弱的身体和苍白的小脸，心中暗自担忧。

超负荷的脑力劳动，终于使嘉锡承受不住了。考试前两天，他病倒在床，茶饭不思，四肢无力。全家人急得团团转，嘉锡的汗水和泪水浸湿了枕头。

然而，倔强的嘉锡不愿意就此屈服，错失这个求学的大好机会。两天后，他挣扎着起来，在一位名叫洪玉昆的医生的陪伴下，跟跟跄跄地走进了考场。

功夫不负有心人，卢嘉锡虽然重病上考场，仍然考出了相当不错的成绩，如愿以偿地被录取到厦门大学预科理组。不满13岁的卢嘉锡从此踏上了他求学的新里程。

胸怀爱国激情的
十八岁大学教师

　　厦门大学由著名爱国华侨领袖陈嘉庚先生创办，首批校舍建于1921年。校址面临苍茫大海，背靠莽莽青山，气魄雄伟，风景佳绝。

　　厦大的卓尔不凡更在于它崇高的办学宗旨和追求一流的雄心气魄。建校不久，学校当局就采取重金礼聘的方法，以大大高于当时国内一般大学教授的待遇，吸引全国各地知名学者到厦大授课讲学。当时就有鲁迅、林语堂、胡刚复等20余位著名教授应聘来校。此后，不断有学者走进这片青山绿水，共同构建这座"南强学府"。这样，厦门大学人才济济，精英云集，更显出其立足长远发展的不凡气度。

进入厦大预科的卢嘉锡非常热爱这片充满生机的土地，他十分珍惜自己的学习机会，孜孜不倦地汲取着各种知识。读书，像蔚蓝的天空，像明净的大海，开阔了的心胸，涤荡了他的情怀。

1930年，卢嘉锡从预科毕业，升入厦门大学本科学习。他自小对自然科学怀有浓厚的兴趣，尤其酷爱数学，所以入学后，他毫不犹豫地选择主系数学，辅系化学。另外，他还选修了语音学和德语等课程。

在厦门大学，化学系一直是个强系。卢嘉锡很快发现，有一位教授课讲得特别好，对学生平易热诚，深受学生欢迎。这位教授就是刚从美国留学归来，担任厦大理学院院长兼化学系主任的张资珙。张资珙先生渊博的学识、惊人的才华、循循善诱的耐心，无不令嘉锡钦佩不已。

有一次上课时，张教授在黑板上写了一个奇怪的"化学式"——C_3H_3，然后转身问学生：

"你们谁知道这代表什么？"

"这是一种碳氢化合物的分子式！"有学生脱口而

出。

"不，这不是什么化合物的分子式，而是'化学家分子式'！"张教授面带微笑，不慌不忙地纠正道。然后，他转过身去，迅速写下三组英文单词：

Cleat Head（清醒的头脑）

Clever Hands（灵巧的双手）

Clean Habit（洁净的习惯）

同学们看后，恍然大悟，原来这三个英文短语中前后两个单词的词头分别是"C"和"H"。张教授称C_3H_3是"化学家分子式"，意思是一名化学家必须具备以上三种品格。这件事在卢嘉锡心中留下了深刻的印象。他非常叹服张教授能够用这种极易理解的方式，把学生引入神奇的化学世界。

张资珙教授很快注意到聪敏好学的卢嘉锡，这个数学系的学生辅修课成绩如此之好，不能不令他感到惊奇。他开始有意引导卢嘉锡在化学方面的潜力，给他介绍欧美科学发展状况，向他灌输科学救国的思想。

在张教授的影响和支持下，第二学期，卢嘉锡改为"主系化学、辅系数学"。

嘉锡勤奋读书，刻苦钻研，喜欢动脑筋，不愿放过任何一道难题。改系以后，化学成了他的主攻方向，但他对数学的兴趣并未稍减。他只是在名义上把主系和辅系调换了一下，实际上仍然是两系并进。高等微积分本来是主修数学的学生要学习的课程，可嘉锡偏偏爱不释手。一道难题，往往令他废寝忘食，有时，梦中还在解题。

大学三年级时，物理化学老师区嘉炜经常对学生进行测验，评卷也十分严格。有一次。他出了几道难题，结果，全班只有卢嘉锡一个人基本上做出来了。可是等卷子发下来，嘉锡发现老师只给了他1/4的分数，原来，他把答案的小数点写错了一位。

嘉锡坐在那儿，一声不吭，心里有些不服气。区老师走过来耐心地开导他：

"假如设计一座桥梁，小数点错一位可就要出大问题、犯大错误了。我扣你3/4的分数，就是因为你把小数点放错了位置。"

事后，嘉锡冷静下来，认为老师说得很有道理，在科学研究上，不能有丝毫的马虎大意。从此以后，无论是考试还是练习，卢嘉锡总是千方百计根据题意提出简单、合理的物理模型，从而简易地"毛估"一下答案的大致范围。这种做法，使他有效地克服了因偶然疏忽而引起的差错。

在本科阶段的四年学习中，卢嘉锡凭借自己的聪敏和勤奋，取得了令人惊叹的好成绩。他一直是陈嘉庚奖学金的获得者，还担任过校化学会会长和算学会副会长。1934年，卢嘉锡以优异的成绩毕业于化学系，辅系数学的学分也完全达到主系的要求，只差一篇毕业论文，不然，卢嘉锡就可以拿"双学士"了。

这些成绩得来不易，尤其是对嘉锡这样一个穷学生来说，他不仅要完成繁重的学习任务，而且肩负着维持生计的重担。

毕业前夕，嘉锡常常一个人独坐海边，听着滚滚涛声，回想十几年的人生历程，思念不幸离去的父亲……

1933年8月，就在嘉锡还有一年大学毕业的时候，父亲卢东启溘然长逝。噩耗传来，嘉锡痛不欲生。他匆匆赶回家中，哭倒堂前。"留种园"音容依旧，而今却已是物是人非。哭断肝肠，留不住父亲离去的脚步，喊破喉咙，唤不回父亲早逝的英灵……

父亲一向疼爱嘉锡，知他天资聪颖，禀赋最高，所以三兄弟中只有他得到全部亲友的资助，拥有上大学深造的机会。嘉锡是父亲，也是卢家的希望和骄傲。

痛失严父后，他要面对的绝不仅仅是悲痛和无尽的怀念。以前，为了支持他念大学，父母含辛茹苦、吃糠咽菜，忍受着双重的艰辛和磨难。没等他有一丝回报，父亲竟匆匆而去。现在，沉重的生活负担摆在了卢家兄弟面前。

　　大哥雨亭收入不多，而且已有家小；弟弟万生不得不辍学做工，维持自己和母亲的生活；嘉锡单靠一点奖学金是无法支撑到毕业的，考虑再三，他决定牺牲部分学习时间，边读书边工作，借以维持自己的学业。

　　起初，嘉锡中学时的英文老师李锡爵出于同情和信赖，让他到厦门省立中学代教自己的一小部分英文课，多少有些收入。嘉锡还在厦大担任"学生助教"，这样，总算饥一顿、饱一顿地挺了过来。贫穷困苦从未吓倒倔强的嘉锡，他也从没有因为吃不上饭而影响了学习。

　　……

　　大学毕业后，卢嘉锡留校担任化学系助教。化学实验当时还没有现成的教材可供使用，卢嘉锡就亲自编写、刻印讲义。他工作起来从不马虎，刻写出来的讲义依旧字迹清秀、逻辑严谨、无懈可击。老教授对这个十七八岁的"学生娃子"又怜爱又赞赏。

凭着非凡的记忆力，嘉锡把讲义和教案完全背下来。在讲台上，他只拿一张提纲挈领的小纸条，就能滔滔不绝地上一堂课，甚至几个小时。学生都对这位年轻的化学教师佩服得五体投地。卢嘉锡不仅课讲得好，而且对学生要求非常严格，在教和学中，师生之间结下了深厚的友情。

1934年秋，18岁的陈国珍走入了厦门大学的校门，19岁的卢嘉锡担任他的普通化学课教师，并指导有关的实验。陈国珍学习非常认真，每次做实验都是一丝不苟、精益求精。卢嘉锡在批阅时同样字斟句酌，毫不放松。他那执教严谨、诲人不倦的品格，长留在陈国珍的心上。

直到几十年后，陈国珍教授依然珍藏着卢嘉锡批阅过的两本实验报告笔记本。

卢嘉锡从未把小自己一岁的陈国珍当学生看待，他们是最亲密的伙伴，拥有相同的信念和志向，信守同样的诺言与忠诚，始终不渝的挚友。

在厦大化学系担任助教的几年中，卢嘉锡曾在张怀朴教授的指导下合作编写了《物理化学实验教程》，又在方锡畴教授指导下合作编写了《普通化学实验教程》。这两本用英文编写的实验教材，在相当长的时间内，一直被厦门大学化学系的同事所采用。

由于生计关系，卢嘉锡担任化学系助教的同时，始终坚持在省立中学兼课，只不过，毕业后他把英文课还给了李锡爵老师，转而兼任数学课。

嘉锡的数学功底相当深厚，讲起课来自然游刃有余、毫不费力；加之他又有一个好嗓门，善于表达，所以初上讲台，就赢得了学生们的好感和欢迎。嘉锡喜欢教学，他心地善良，性情淳厚，和活泼天真、充满生命力的孩子们在一起，他能够忘掉生活中的一切烦恼。

嘉锡工作认真，不仅讲课、批改作业一丝不苟，而且经常研究改进教学方法，讲求教学效果。不久，年轻有为、才华横溢的嘉锡，在厦门中学数学教育界已小有名气。有些心胸狭隘的人，免不了妒忌挖苦。嘉锡一向心纯似水，胸怀坦荡，待人热诚，从不存丝毫戒心。

1936年，他负责讲授高中一年级的平面几何课程。平时，他总是鼓励学生多做习题，有什么疑难可以来找他，他愿意帮助解答。

没过多久，一个学生拿着两道题，来找老师：

"老师，我有两道几何题目想请教您，可以吗？"

"当然可以。"

卢嘉锡接过题目看了看，这是两道平面综合几何证明题。如果用解析几何的方法很容易证明，若用综合几何方法证明，就成了大难题。他请那位学生先回去，然后开始苦苦思索。几乎想了大半夜，也没有找到综合几何证明方法，最后，他只好用解析几何的方法证明了。

第二天，卢嘉锡把答案交给那个学生，可学生并不满意。

"老师，既然您教的是综合几何，我就想要综合几何的证法。解析几何我们要到三年级时才能学习呢？"

这下可把卢嘉锡给难住了。他整整想了两个星期，还是毫无头绪。几位擅长几何的同事想帮助他，考虑了很久，也没能证出来。

卢嘉锡开始大量查阅资料。教科书，参考书，习题集，都没有找到这两道题目。他不灰心，最后终于在阅览室查到了难题的出处。原来，那是一家美国数学期刊近年刊登的"悬赏题目"。登出半年后，才被人证明出来。卢嘉锡把做法及出处译成中文，交给那个学生，并如实相告。证法不是老师做出来的，而是查到的。

不料，第二天，那个"请教"的学生突然转学离去。有人告诉嘉锡说，那个故意刁难他的学生，怕遭报复才不辞而别的。嘉锡觉得很奇怪，也很不安。他很想找到那个学生劝慰一番，但始终未能如愿。

这个小小的风波并没有影响卢嘉锡在同事和学生心目中的地位。后来人们才了解到，那个"考倒"卢嘉锡的学生有个在中学教平面几何的表哥，对卢嘉锡的才能很不服气，于是借表弟之口为难他。事隔多年，这表兄弟先后成了卢嘉锡的学生。卢嘉锡不计前嫌，宽宏豁达，对兄弟二人悉心指导。知道这件事的人，都称赞卢嘉锡胸襟坦荡，有容人之量。

1936年3月8日，恰好是民间流传的"百花生日"。这一天，卢家大院繁花似锦，喜气洋洋。来往宾客个个笑容满面，如沐春风。卢嘉锡身穿结婚礼服，挽着如花似玉的新娘吴逊玉站在客厅前，接受众人的祝福。窗外，粉红的桃花、洁白的李花交相辉映，渲染着青春的绚丽和爱情的甜蜜。

吴逊玉出生在厦门太古洋行一位高级职员家庭。念完普通小学后，家人又把她送到塾师卢东启门下继续读书。逊玉天性聪慧，又肯用功，深得老师喜欢。卢东启夫妇膝下无女，就收逊玉做了义女。

嘉锡上中学时，就和逊玉相熟。他常常帮父亲批改作业，辅导学生，渐渐地，他发现逊玉的文章写得特别好，不免由文及人，留心起这位端庄、秀气的少女来。等到嘉锡大学快毕业时，他们已经无话不谈、倾心相爱了。

结婚后，卢嘉锡把更多的精力投入到工作和学习中去。每天早晨，一辆预约的黄包车会把他送到厦大或省中。由于常常熬夜读书，坐上黄包车，嘉锡就会合上眼睛打盹。家——省中——厦大。构成了嘉锡全部的生活轨迹。循环往复，脚步匆匆。由于工作勤奋，家庭经济状况有了明显改善，真可谓够美满的了。

选择科学救国的
二十二岁英国留学生

　　卢嘉锡并不满足于这种衣食无忧的日子。他有更高的追求，那就是争取出国留学。

　　报考出国留学有两条路：自费或公费。自费考试比公费容易，但限于经济能力，卢嘉锡只能选择公费留学，这也是所有贫寒学子的共同追求。

　　引导卢嘉锡走上科学救国之路，鼓励他走出国门，向西方学习先进思想和科学技术的是厦大数学系主任张希陆教授。张教授一向欣赏卢嘉锡的才华，不断鼓励他拼搏，争取出国深造。

1934年夏天，卢嘉锡第一次参加清华留美公费招生考试时，因为所学专业与招考专业不对口，成绩不理想，没有被录取。张教授劝勉他不要灰心，一定要坚定信念，不懈地努力下去。

1936年，卢嘉锡获得了报考中英庚款公费的资格，这回招考的正是物理化学，他信心十足，准备一举中的。考试成绩出来后，他在30多名考生中，排在前几名。可是由于物理化学专业只取1名，卢嘉锡又一次落了榜。这次有幸夺取桂冠的是比卢嘉锡年长两岁、后来成为好友的吴征铠。

卢嘉锡再次尝到失败的痛苦，他一个人坐在海边，看着一群群海鸥在蔚蓝的海面上自由翱翔，心中溢满了沉重的苦涩，他想起父亲一生的期待，想起自己深夜苦读时相伴的漫天星斗，想起张教授的无私援助和谆谆教诲，想起妻子无微不至的关怀和热切的目光……涛声依旧，世事无常，难道，自己真的无法跨越国门吗？

1937年3月，倔强的卢嘉锡第三次奔赴考场，终于以独占鳌头的优异成绩，考取了第五届中英庚款公费留学。

消息传回厦门，老师、同学、亲友奔走相告，纷纷举杯欢庆。厦门大学化学会和算学会还专门为卢嘉锡举行了隆重的欢送会。

1937年8月17日，卢嘉锡和来自全国各地的20几名留学生将从上海出发，远涉重洋，奔赴伦敦。

临行前，负责中英庚款公费的董事长朱家骅接见了留学生们，并分别和每个人谈了几分钟话。他问卢嘉锡：

"将来学成之后，你有什么想法？"

"回国，从事教育和科学研究——报效祖国！"卢嘉锡毫不迟疑地回答。他神情严肃，目光中流露着自信和睿智，未来，像一幅色彩斑斓的画卷，正在他的脚下，徐徐展开。

就在抗日战争爆发的1个月后，不满22岁的卢嘉锡踏上了异国求学的漫漫征程。

在卢沟桥，日本帝国主义的隆隆炮声还在震撼中华大地，侵略者的铁蹄正在践踏无辜的血肉之躯和中华民族的尊严，兵荒马乱，战火在蔓延。国家什么时候才能强大起来？百姓什么时候才能不受凌辱？站在船头，卢嘉锡心潮起伏，实现心愿的喜悦，很快被忧国忧民的沉重所取代。

为了洗刷"国耻"，在当时一部分中国知识青年学子看来，只能忍辱负重，走留学之路。卢嘉锡下定决心，一定要珍惜时间，利用宝贵的学习机会，把外国的先进科学技术学到手，然后，为祖国的强大，贡献自己的全部智慧和力量。

邮船在海洋上颠簸了一星期后，到达新加坡作短暂停靠，乘客可上岸逗留两日。

"嘉锡！嘉锡！"

卢嘉锡刚登上码头，就听到有人叫自己的名字，抬头一看，原来旅居新加坡的厦大同学张述应约来接他了。异国他乡，好友相见，兴奋之情溢于言表，两个人执手叙旧，卢嘉锡顿时忘了旅途的劳累。

正值初秋季节，新加坡空气清爽，景色宜人。卢嘉锡在张述的带领下，游览了城市风光。

第二天，张述带卢嘉锡拜访厦门大学创办人陈嘉庚先生。卢嘉锡自小敬重陈先生的高风亮节，能有机会当面聆听先生教诲，真是让他万分激动。

著名华侨领袖陈嘉庚在新加坡创办了很多所华侨学校，他一直关心的就是兴办教育，培养人才。抗日战争爆发后，他立即发起组织了新加坡华侨筹赈会，并被推选为主席。每天，他都要奔走各地，组织各种活动，处理有关事务。在这种时候，他仍旧乐于接受一个素昧平生的青年学生的拜访，更让卢嘉锡感动。

见面后，陈先生首先问起卢嘉锡一路上的见闻和感受，卢嘉锡就把日寇进攻淞沪和在船上遭外国人讥骂的情形，以及自己的愤怒、决心一一诉说了。陈先生听得十分认真，脸上不时掠过一缕悲愤和苍凉。听完后，他语重心长地说：

"嘉锡，国家贫弱，她的人民才遭人欺辱，要记住，到英国后，一定要刻苦用功，将来学成了，早点回来报效祖国，千万不要忘本，千万不要忘了自己的祖国正在灾难中苦苦挣扎。"

"先生，我记住了，您放心吧！"嘉锡坚毅的脸庞上，缓缓地流下了两行热泪。

这次谈话后，卢嘉锡更加坚定了"科学救国"的信念和留学报国的志向。

9月24日，1个多月漫长旅程终于结束了，邮船顺利抵达英国，并经由泰晤士河上溯到伦敦。

从此，一条通往崇高的科学殿堂、构筑辉煌的人生大厦的道路，在卢嘉锡的脚下，次第延伸……

初到伦敦，卢嘉锡来不及欣赏异国风情，匆匆前往中英庚款公费留学生管理机构报到。例行手续后，管理人员挥挥手说："伦敦大学学院就在附近，请自己去找吧！"

出了门，卢嘉锡沿着大街慢慢地向前走。伦敦不愧为世界名城，街道宽广，车来人往川流不息，高楼大厦巍峨耸立，各种招牌流光溢彩，到处充满生机活力。想起贫穷落后，残破不堪的祖国，卢嘉锡心头感到异常沉重。他知道，在这个陌生的地方，他要比在自己的国家更坚强，更勇敢，因为他的尊严代表祖国的尊严。

走不多远，"伦敦大学学院"的牌子出现在眼前。进入校园，有一条通往学校化学系的小路，路上有一座精致的拱桥。卢嘉锡刚刚走上桥顶，迎面有人微笑着和他打招呼：

"你就是从中国来的卢嘉锡同学吧？"

"是的！"卢嘉锡感到有些奇怪，出国以来，这还是第一个主动和他打招呼，对他笑脸相迎的外国人。

"我叫萨格登，化学系的，今后你就是我的学生了。我正准备去留学生管理机构接你呢！"个子不高、气质儒雅的萨格登教授看到卢嘉锡满脸诧异，忙自我介绍了一番。

"老师，太谢谢您了。"卢嘉锡被这位50多岁的异国学者感动了。

"走吧，我们一起到系里去！"萨格登教授亲切地拍了拍卢嘉锡的肩头说。

　　萨格登教授是英国皇家学会会员，一向执教严谨。卢嘉锡在大学时代就受过"C_3H_3"训练，做事从不马虎拖拉，因此很快博得导师喜欢，随着时日的增加，师生感情日见深厚。卢嘉锡不满足于跟自己的导师学习物理化学，还经常到学院以外去听课，特别是听热力学家古根海姆的课，笔记做得格外认真。一方面，卢嘉锡有着强烈的求知欲；另一方面，他认为多学一些知识，是祖国和人民对自己的重托及期待。

　　入学后不久，导师问卢嘉锡：

　　"你在国内做过研究吗？"

　　"做得不多。"卢嘉锡坦诚答道。

　　"我所研究的大体上有热力学、磁化学和放射化学三个方面，你最感兴趣的是哪个呢？"

　　"我可以考虑一下吗？"卢嘉锡觉得一时之间难决定。

　　"当然可以。"萨格登教授微笑着点了点头。

　　第二天，卢嘉锡告诉导师：他希望从事放射化学研究。因为新领域新问题对他更有吸引力，教授对弟子的选择非常赞赏。从此，卢嘉锡除听课外，就在导师指导下着手人造放射性研究。

在大量踏实的研究工作基础上，卢嘉锡完成了他的博士论文：《放射性卤素的化学浓集法》。1939年，这篇论文发表在国际权威刊物《化学会志》上。在人造放射性领域，卢嘉锡是最早实际进行定量研究工作和首次成功地分离出放射性高度浓缩物的化学家。

两年后，卢嘉锡的论文通过答辩，获得伦敦大学哲学博士学位。公费留学期限还有1年，卢嘉锡想充分利用这剩余的时间到德国做研究工作。当他把自己的想法告诉萨格登教授时，这位善良慈爱的导师摇摇头说：

"不，不，你应该到美国去！"

"为什么，老师？"

"因为物理化学发展最快的是美国，而不是德国。"

"我想抓紧一切时间多学点东西，既然美国更合适，我当然愿意。"

"我有个朋友叫鲍林，在加州理工学院，我可以介绍你到他那儿去！"

热心的萨格登教授随即给好友写了封信发往美国。半个月后，鲍林教授回信表示欢迎卢嘉锡到他那里去工作。

1939年秋天，在一个天气晴朗的日子，卢嘉锡告别他的第一位导师萨格登，横渡大西洋，奔赴北美大陆。

鲍林是20世纪杰出的化学家之一，量子化学的创始人之一，还对分子生物学和生物化学的发展作出过划时代的贡献。作为一位化学家，他曾荣获1954年诺贝尔化学奖；作为一位坚强的和平战士，他在1962年，荣获了诺贝尔和平奖。

1939年秋，当卢嘉锡来到理工学院的时候，年仅38岁的鲍林教授在国际上的知名度还不太高，或者说离他一生最辉煌的时期为时尚远，但他已完全具备了一个优秀、成熟有着光辉前景的科学家所应具备的全部素质和条件。

在加州理工学院，卢嘉锡被接纳为客座研究员，跟随鲍林学习，并在他的指导下从事研究工作。很快，他发现鲍林教授有一种独特的化学直观能力：只要给出某种物质的化学式，就能大体上想象出该物质的分子结构模型。这一发现无形中"催化"了卢嘉锡在大学时形成的朴素的"毛估"思维。

这一时期，卢嘉锡在掌握了从事晶体结构研究的X射线衍射法和电子衍射法等手段的基础上，先后承担了多项研究课题，并屡屡获得成功。他经常以简洁明晰的思路，巧妙新颖的方法迅速完成研究任务，表现出他在实验性基础研究方面的出色才能。

加州理工学院的生活是紧张而愉快的。卢嘉锡除了完成各项研究工作，还经常去听鲍林教授的量子化学课，并且一如既往地认真做笔记。

一次，讲完课，鲍林把卢嘉锡叫到自己身边，问道：

"你对量子化学感兴趣？"

"是的，我在伦敦时就开始利用业余时间自学这门知识。"卢嘉锡一边说，一边把留英时的量子化学笔记本拿给鲍林看。

"OK，你的笔记做得非常好。以后，你如果离开加州，就把这几本量子化学笔记留给我做个纪念。可以吗？"

"当然可以。"得到导师的夸奖，卢嘉锡心里很高兴，他毫不犹豫地答应了这个请求。

1940年夏，公费留学期满，卢嘉锡牢记"学成归国、报效祖国"的誓言，打点行装，准备回国。订好船票后，卢嘉锡去向导师辞行。鲍林已经听说卢嘉锡动身在即，他考虑良久，诚恳地劝道：

"你回国心切，这一点我能够理解！可是你的祖国正在打仗，你回到那里很难开展研究工作，不如暂时留在这里，等战争结束后再回去。"

"老师，我的祖国遭受战乱，身为远游学子，我心中异常痛苦！我热爱科学，更热爱我的祖国啊！"心潮起伏，一时再也说不出话来。

鲍林轻轻地拍了拍他的肩头：

"嘉锡，我不希望你现在回去，你再好好考虑考虑吧。留下来，你可以进步得更快，等战争结束了再回去，一切都来得及……"说完，他慢慢走出门去，他知道，卢嘉锡此刻最需要的是有个平静思考的时间。

祖国躯体上的伤痕，更深地烙印在每个壮志未酬的赤子心中，卢嘉锡心里很清楚，导师说的是对的：就算他此刻回去，也还是于事无补！

考虑再三，卢嘉锡暂时打消了回国的念头，继续留在鲍林身边学习、工作。

1944年，卢嘉锡应聘到华盛顿附近隶属于美国国防研究委员会第13局的马里兰研究室工作1年。为了便于随时回国，他拒绝了美国当局要他参与原子弹研究工作的请求，而是选择了一般性的国防研究工作。1年时间里，他在燃烧和爆炸方面研究取得了极其出色的成绩，获得美国国防研究委员会颁发的"成就奖"。

结束马里兰的工作后，卢嘉锡又回到了加州，受聘到加州大学和加州理工学院任化学研究员，开展化学热力学方面的研究工作。

1945年秋，第二次世界大战宣告结束，中国人民的抗日战争也已取得最后的胜利。卢嘉锡归国心切，他很快辞去国外的聘任，舍弃优越的待遇和科研条件，迫不及待地搭乘第一艘客货两用海轮，满怀科学救国的热望，于1945年11月12日，离开旧金山，踏上了归国之路。

兼任厦大和浙大化学系系主任

当卢嘉锡乘坐的轮船还在太平洋上航行时，关于他回国的消息已在国内科学界传开了。

还是在马里兰工作的1944年，卢嘉锡就接到厦门大学萨本栋校长的信，希望他回国后到母校任教。1945年夏，他又收到浙江大学理学院胡刚复院长署名的电报，希望他到浙大任化学系教授兼系主任，请他拿定主意后立刻回电，回电费已由浙大预付。由于不了解阔别七八年，特别是1945年萨本栋辞职后的厦门大学的情况，卢嘉锡在给胡刚复院长的回电中答应到浙大任职。

1945年12月6日，卢嘉锡抵达上海。胡刚复院长亲临上海相迎。见面后，经过一番长谈，应聘一事就算初步定了下来，只是没有正式报到。

1946年1月3日，卢嘉锡搭乘一艘小轮船，匆匆赶回厦门，与家人团聚。久别重逢，亲人们问长问短，问个不停，嘉锡也有一肚子话要说。安静下来后，卢嘉锡才发现在他出国前半年出生的儿子嵩岳已经长成大孩子了。8岁的嵩岳不认识爸爸，躲在妈妈身后，偷偷地看，过了好一会儿，才走过去，轻轻叫了声"爸爸"。团聚之后，卢嘉锡怀着激动的心情重访母校。

厦门大学比8年前更宏伟、更漂亮了。走在熟悉的校园小径上，享受着熟悉的阳光和芳香，卢嘉锡思绪万千，心情难以平静。更让他难以平静的是新任校长汪德耀情真意切的邀请。汪校长恳请卢嘉锡留在厦大，为母校出力。

此时，浙大也以竺可桢校长的名义几次来电催他"早日来杭"。这样，在聘用卢嘉锡的问题上，两校互不相让，厦大培育他多年，可谓恩重如山，拒之无情；与浙大有约在先，拒之则失信，而卢嘉锡偏偏又是一个重信用的人……这在令他进退维谷。

最后，教育部出面调解，让卢嘉锡两头受聘。就这样，从1946年到1948年，卢嘉锡往返奔波杭州、厦门两地，讲学授课。1949年，随着国民党政府垮台，这两头受聘的协约才自动解除。

卢嘉锡兼任厦大和浙大两校的化学系教授及主任，虽然辛苦劳累，却也使他有充分的"舞台"展露自己的才华和毅力。很快，卢嘉锡就蜚声讲坛，成为一名优秀的教授。

和从前一样，卢嘉锡对待工作兢兢业业、满怀热情。无论是在厦大，还是在浙大，他都尽心竭力地讲好每一堂课，无微不至关怀每一个学生。他学识渊博而且善于表达，既注重逻辑严密，又善于深入浅出，讲起课时生动活泼、绘声绘色，并且见解独到。

为了教好一门课程，卢嘉锡通常在参阅大量有关的参考书，融会贯通，加工提炼之后，用深入浅出的语言表述出来；再加上他声音洪亮清晰，板书俊逸工整，使整个讲课过程，仿佛是一条涓涓溪水，流过学生心田；又仿佛是一处处奇峰胜景，吸引着学生流连忘返。不仅是他的学生，就连那些从教多年、水平相当高的教授，听了他的课，都无不为他化艰深为平易、化枯燥为丰富多彩的惊人才华所倾倒。

无论是在厦大，还是浙大，卢嘉锡的课堂上总是座无虚席。除了本系的学生外，还有不少外系的学生、助教、讲师甚至教授听课。教室里坐满了，后来的人就自带凳子挨着门口、窗边坐着听讲。他成了当时两校公认的最受欢迎的教授之一。1947年初，卢嘉锡结束在浙大的首次教学任务，即将返回厦门之际，浙大140多名师生，包括当时的代理校长郑晓沧教授联名写下了热情洋溢的挽留信。

1947年，随着内战愈演愈烈，国统区物价飞涨，饥寒交迫，民不聊生。卢嘉锡一家的生活也是每况愈下，入不敷出，陷入困境之中。到临解放那一年，卢嘉锡和逊玉已有3个孩子，长子嵩岳、二子咸池、三子象乾，一家五口人靠他的"薪俸"过日子，而逊玉又再怀孕。在生产实在无以为继时，卢嘉锡只得变卖家当艰难度日。家里断炊了，吴逊玉被逼无奈取出珍藏多年的心爱之物——她和嘉锡结婚时互赠为纪念、分别镌刻着他们二人名字的一对戒指卖掉，才换回了一袋大米。

这种后果，是卢嘉锡回国前没有预料到的，糊口尚且如此艰难，又怎么能谈得上"科学救国"呢！心中的梦想在现实的铜墙铁壁上撞得粉碎，卢嘉锡心情沉重。忧国忧民之念，又一次使他辗转反侧，彻夜难眠！

就在生活困顿、理想破灭的时候，卢嘉锡接到了在美国时具体指导他从事研究工作的高级研究员休斯博士的来信。休斯在信中谈到：你回国后虽然与家人团聚了，但又遇上战乱，无法从事科研活动，卢嘉锡先生，我们欢迎你再度回到美国，或者干脆把家搬到美国来。随信还寄来了鲍林和卢嘉锡当年的合影。

卢嘉锡读了这封信，心中不由得涌起重重感慨。照片勾起他无数美好的回忆，大洋彼岸宁静、温馨的研究环境，先进的科学技术，优越的科研条件。这一切，对于一个热爱科学、决心一生献身科学的学者来说，无疑有着极大的吸引力。可是，卢嘉锡最终还是婉谢了休斯博士的邀请，异国虽好，终归不是自己的家园；世事艰难，学者更应该经受考验。

1948年底，国民党大势已去，败局已定。当时由青岛撤迁到厦门并借助厦大教学力量维持上课的国民党海军军官学校，正在准备撤离大陆，逃往台湾，该校当局几次派人劝说卢嘉锡到台湾去，他始终不为所动。因为在回国这几年中，他亲眼目睹了国民党的腐败没落，同时，从厦门大学地下党组织和进步学生不屈不挠的斗争中，他渐渐认识到，只有共产党，才能真正给苦难的中国带来希望和光明。

在整个内战时期，正直而又富于良知的爱国学者卢嘉锡参与了厦大一系列爱国民主运动，并为维护和发展教育事业、保护进步学生和地下党作出不懈努力。

1949年4月，卢嘉锡当选为厦门大学校友总会理事长。此时，厦大师生正在开展空前的"三罢"斗争，特别是全体教职员的总请假，在厦门以至全省起了极大轰动。但是，长此下去，不仅教职工的生活无着，学校也必将被迫关门。出于对母校的关心，校友总会理事会决定发动募捐劳师基金。经过努力，共募集到各种捐款折合美钞6063元，白米618.5千克，帮助师生度过了新中国成立前夕的极端困难期。

1949年5月，厦大创办人陈嘉庚，应中共中央主席毛泽东的邀请，从新加坡回国参加首届中国人民政治协商会议筹备会。当时已接近全国解放，可厦门仍然处在黎明前的黑暗之中。陈先生回国前，卢嘉锡曾以厦大校友总会理事长的身份，致函邀请他回国后顺便到厦大检查工作。此函后来还公开刊登在厦大校友通讯上。不料，这件事惹恼了国民党厦门当局，把卢嘉锡列入了"黑名单"。

在新中国成立前夕的白色恐怖中，国民党大肆搜捕和屠杀地下党员和进步学生。卢嘉锡置个人安危于不顾，积极帮助身处险境的进步人士逃离虎口，他曾冒着极大风险介绍地下党员朱木水（厦大工友）到香港暂时避难。

生活窘迫，环境险恶，并没有磨损卢嘉锡创业的雄心。此时，他在主持化学系的工作。他在积极支持、参与爱国民主斗争的同时，还不断地思考如何把厦大化学系办成国内一流的化学系。

在走向"南方之强"的发展中，化学系历来是厦门大学的主要台柱系之一，卢嘉锡深知这其中饱含着无数前辈毕生的心血。如今，母校郑重地把这副担子交到他手中，他怎能安于"清静无为"，而愧对前辈们的付出呢？不过，此时卢嘉锡面对的早已不是先前那个师资雄厚、名家咸集的化学系了。

抗战期间，不少教授先后离去，尤其是萨本栋校长辞职后，和他私交甚笃的理学院院长傅鹰教授，及蔡镏生教授也相继离校。此后，化学系的师资力量一落千丈；连年战火，化学仪器破损严重，药品极度匮乏……卢嘉锡面对的就是这种令人心寒的局面。

可是，卢嘉锡没有退缩，也没有气馁，他勇敢地担起了这副重担，并且抱定重振化学系的决心，殚精竭虑，四处奔走。

最让他头疼的还是师资问题。学校经费紧张，正常开销都难以维系，更谈不上高薪礼聘名家了。厦大偏居东南一隅、交通极为不便，化学系欲重振雄风，凭借什么"筑巢引凤"呢？

卢嘉锡凭借的是自己敏锐的洞察力、顽强的意志力和人格的吸引力。他不放过任何一个延聘名师、网罗人才的机会，每次都是亲自出马，以情感人，以诚动人，这往往能够获得令他振奋的成功。

抗战胜利后，在军医大学任教的方锡畴教授从遵义回厦门观光和看望亲人。方锡畴教授是卢嘉锡大学时期的老师，抗战时离厦门回内地。卢嘉锡得知老师回厦门的消息后，忙登门拜访。

师生重逢，各诉别后情况，说到动情处，两个人相互端详，都忍不住慨叹岁月无情，当年满头青丝的老师，如今已两鬓风霜；当年瘦小精灵的娃子，如今已近中年。谈起各自的工作，嘉锡十分关切地问道：

"方先生在遵义那边一切还好吧？"

"异地谋生，实在是不得已呀！"

"想过回厦门工作吗？"

"离开厦大好多年了，不知学校的情形怎样？"

"我希望能重振化学系昔日风采，可惜人才匮乏。您是位资深教授，化学系正日夜渴盼你回来支撑大局呢！"嘉锡说完，热切地注视着自己的老师。

方锡畴沉默了。厦门是他的家乡，厦大是他执教过多年的一片热土，这些年来，他一直牵挂着这里，眷恋着这里。如今，自己的学生已经成长起来，并且立志把化学系办成一流水平的强系，自己有什么理由不为此出一份力呢？

接着，卢嘉锡又了解到，祖籍厦门、在印度任教的有机化工专家吴思敏教授有心回国。他立即与吴教授取得联系，请他来校任教。

不久，留学美国加州理工学院的钱人元，在来信中透露了回国的意向，卢嘉锡当即向他发去邀请函。钱人元是一位学识渊博、思想活跃的青年学者，回国以后，在高分子物理领域建树颇多。

卢嘉锡不仅四方延请名师，而且十分重视培养优秀教师。1948年，他曾推荐陈国珍赴英留学。陈国珍学成后回母校化学系任教。卢嘉锡又推荐他担任化学系主任，并为他开展工作创造了各种有利条件。

卢嘉锡认为，要办成一流的化学系，光有一流的师资还不够，还必须开设创新性课程，把化学系的科研水平推向世界前沿。为此，他和钱人元教授在40年代后期，分别设置了现代化学、统计热力学这两门当时国内少有的课程。

在卢嘉锡的领导下，化学系不仅教学水平上了一个新台阶，而且学术风气也日益浓厚，在国内享有很高声望。

建国后，卢嘉锡工作热情更高，办好化学系的信心也更加坚定了。随着各项工作步入正轨，他开始致力于研文化建设，组织开展科研工作，培养高层次人才。

50年代初，由他创办的结构化学专业和陈国珍教授创建的分析化学专业，均处于国内领先地位，在我国高校中享有较高声望。1950年，他在国内高校中首先创办了以结构化学为主的化学研究所，并亲自担任所长，同时在国内首次招收了以结构化学为主的物理化学研究生。1951年，又招收了结构化学研究生，成为新中国成立后在我国开展研究生教育的先行者之一。

1951年，陈国珍教授接任化学系主任后，卢嘉锡仍然时刻关心着化学系的发展。

在厦门大学院系发展史中，对卢嘉锡作出了这样的评价："作为学者和教育家，卢嘉锡教授对厦大化学系的发展贡献卓著。"

到山区办学的年轻教务长

　　1950年夏，美帝国主义入侵朝鲜的同时，命令第七舰队开入台湾海峡，公然干涉我国内政，插足我国领土台湾。10月，美侵略军的战火烧至中朝边境，中国人民志愿军开始了轰轰烈烈的抗美援朝战争。

　　在此期间，地处海防最前线的厦门，不断遭受美国支持下妄图"反攻大陆"的蒋军空袭和炮击，形势日趋紧张。

　　位于厦门南端、屡遭空袭的厦门大学，很难维持正常的教学工作。经常是学生们正坐在安静的教室中听课，一阵尖利的警报声打断老师的讲解，师生们只得紧急疏散，躲进学校修筑的防空壕。文科院系的师生人走家搬，没什么可顾虑的；理工院系的仪器设备较多，很难及时搬动，一旦遭到空袭，损失会很惨重。为了减少损失，维持正常上课，上级决定把理、工两学院暂时疏散到闽西龙岩。

经过考察，学校选定了两处迁移地点，大件仪器较多的工学院搬到城关，理学院则迁到白土乡。

1951年3月，理学院师生及家属分批向龙岩进发。先乘汽船离开厦门，在漳州附近上岸后，除了教授和老幼病弱者外，绝大部分师生都是自己挑着行李徒步行军。150千米漫漫长路，负重跋涉，吃住不便，很多人脚上磨起了血泡，可是没有人叫苦。初春的寒风冷雨，袭击着饥寒交迫的师生们，人人疲惫不堪，尽管如此，缓慢的行军队伍中仍然是歌声起伏，笑声不断。沿途，他们还向群众作着抗美援朝的宣传。

不过，愈接近目的地，人们心愈不安。贫困、落后的龙岩山城将以怎样的方式，迎接他们这些"避难"的师生呢？

让理学院师生出乎意料、惊喜万分的是。当他们经过数日艰苦跋涉，终于到达白土乡时，一切已布置得井井有条：老百姓腾出了最好的房子，教室、实验室、办公室、宿舍都已收拾得整整齐齐、干干净净。特别是供教授们居住的房子，都经过精心安排，配备好了家具及各种日用品。

师生们看着刚刚上任不久卢嘉锡院长胸有成竹、指挥若定的样子，不禁暗暗称奇。

原来，疏散前，卢嘉锡曾参与赴龙岩考察。考察中，他了解到一个名叫林硕田的青年，原来在厦大化学系读书，后因照顾爱人关系，离校到这里工作，对当地情况十分熟悉，卢院长就把他请来给自己做帮手。林硕田在校时就很崇拜卢嘉锡，有机会给老师帮忙，他心里很高兴，工作得十分出色。准备工作也因此进行得相当顺利。

卢嘉锡对这个出身贫寒、勤快聪敏的年轻人很有好感。当他得知林硕田想回母校深造后，当即答应帮他向化学系推荐。后来，林硕田在化学系学有所成，毕业后留在系里任教。

内迁安置工作顺利就绪，两院按原定计划在4月1日复课。虽然屋舍简陋、条件艰苦，师生们的热情却很高。理论课、实验课都和在厦门一样正常进行；用旧民房改造的阅览室里天天挤满了人，学生们安静地读书，教师们细心地备课，一切有条不紊。

不久，专程从厦门赶来看望两院师生的王亚南校长，对两院领导工作提出表扬，尤其对理学院的工作特别满意，他握着卢嘉锡的手，热情诚恳地说：

"你们辛苦了，这里条件这么差，你们能把工作做得如此周到、细致、有条理，真不容易啊！"

王亚南是我国当代著名的马克思主义经济学家、《资本论》翻译者之一，1950年6月由政务院任命为厦门大学校长。他和卢嘉锡都是厦门大学最有声望的教授，两个人私交甚好。王亚南一直很器重比自己小14岁、工作踏实、知识渊博、有着非凡的教学才能的卢嘉锡。这次内迁龙岩，他敏感地注意到了卢嘉锡的另外一种能力，那就是超群的组织管理能力。

很快，卢嘉锡被任命为副教务长，进入校一级领导。章振乾教务长顿觉肩上的担子轻了许多，从这以后，他主要负责两院与校部的联络与沟通，经常往返于龙岩和厦门之间；两院的日常工作，则大部分由年轻能干的卢嘉锡承担了起来。

卢嘉锡热爱工作，有一种超乎常人的敬业精神。他一边奔走于两院所驻的城乡之间，处理各种繁杂的事务，一边精心备课，认真讲课，一丝不苟地指导研究生学习。周围的人都惊叹卢嘉锡充沛的精力和超人的乐观，无论什么时候看到他，他总是目光炯炯，一脸微笑。

白土乡和城关相距好几千米，山路蜿蜒曲折，交通十分不便，往返两地只能搭坐载客的自行车。一路颠簸下来，骨头都快"散架"了，卢嘉锡在这羊肠小道上一手抓着车后架。一手握书，满脸从容、愉快。

1952年2月，理、工两院内迁已经整整1年了。在这1年中。两院师生不仅学业大有长进，而且和老区人民结下深厚的友情。休息时，学生们常常帮老乡提水，劈柴，打扫庭院；农忙时，学生们集体支援，从不叫苦不叫累，感动得老乡们流出热泪。

随着厦门海防日益巩固，两院师生奉命返校，疏散龙岩的工作到此宣告胜利结束。

离开龙岩那天，风中带着浓浓的寒意，可是师生们心中却涌起层层的热浪。老乡们送出村外，含泪挥手，久久不肯离去。这泪水牵挂着年轻的脚步，悬系着龙岩的热土，一年时间虽短，厦大和龙岩已是血脉相连！

与唐敖庆合办高教化学讲习班

1953年夏天，地处黄海之滨的青岛正值旅游旺季，无数避暑、度假的游人，尽情享受着凉爽的海风、清新的空气和醉人的美景。

与游人如织、热闹非凡的海滨相比，山东大学（当时在青岛，后迁至济南）的校园当然冷清得多。茂密的古树遮挡炫目的阳光，使校园显得格外清幽、静谧。暑假时节，学生大都离校回家了，只有校园里的各种鲜花开得色彩缤纷，热热闹闹。

高教部组织的"综合大学理科教学研究座谈会"、"高等数学讲习班"、"物质结构讲习班"同时在山东大学举行，使暑期的校园顿时活跃了起来。

自从回到厦大后，卢嘉锡心里轻松了一些，可是他的工作不仅未因此减少，反而越来越繁重了，甚至连假期也没法休息了。

这一年夏天，他和东北人民大学的唐敖庆教授，受高教部委托，共同主持"物质结构讲习班"，并担任主讲。

作为国内享有盛名的教授，讲课对他们两个来说是得心应手的事。不过，这次他们面对的不是一般的大学生，而是来自大江南北的高校教师。通过短期培训，这些人必须能够独立承担物质结构教学工作。卢嘉锡和唐敖庆知道自己肩上的担子不轻。

开课后，卢嘉锡从晶体化学起讲，唐敖庆由量子化学基础开篇。两个人配合默契，凭借深入浅出、生动自然的讲解，为学员们展现了物质结构世界的神奇和瑰丽。在教学功底上，卢嘉锡兼有实验和理论相结合的特点，唐敖庆则在纯理论方面造诣精深，两个人在讲学中各展己长，相得益彰。

同时来青岛的还有吴征铠和徐光宪两位教授，他们本来是参加"教研会"的，因为和卢嘉锡、唐敖庆早有交往又是同行，会议间隙也抽时间来讲习班听课。后来，卢嘉锡也请二人上台讲一些课，讲习班的气氛更加活跃。

青岛讲学获得了巨大成功，卢嘉锡、唐敖庆在国内声望骤增。高教部认为办这种讲习班效果不错，决定第二年在北京大学再次举办。于是，卢嘉锡和唐敖庆又拥有了一个共同的"假期"。

盛夏的北京酷热难忍，可是由于青岛讲习班的轰动效应，报名参加培训的人更加踊跃，实际人数比预想的多出1倍以上。培训计划因此被打乱，临时改成两个班同时上课，好在这次担任主讲的除卢嘉锡和唐敖庆以外，又增加了吴征铠和徐光宪两位教授。

两次讲学，四位教授为以后国内高校化学系普遍开设物质结构课程，打下了知识基础，很多后来在该课程教学中大显身手的教师，都是这两次讲习班培养出来的。60年代以后，北京大学、吉林大学和卢嘉锡创办的中国科学院福建物质结构研究所等单位，成为我国结构化学研究的三个主要基地，为社会主义建设培养了大批专门人才。

后来，受高教部委托，卢嘉锡、唐敖庆、吴征铠、徐光宪再次聚青岛，共同编写一部的物质结构教材，度过一段令四人终生难忘的美好时光。

每天早晨起来，四个人就分别伏案疾书：卢嘉锡负责晶体化学部分，唐敖庆负责量子化学基础，吴征铠负责分子光谱，徐光宪负责化学键理论。房间里静悄悄，只有笔尖划过纸面的"沙沙"声。虽然各自的任务不同，但4个人的心是相通的：那就是宁可少吃一顿饭，少睡一晚觉，也要尽快编写出一部高质量的教材来。

直到傍晚，他们才停下笔，舒展一下因工作了一整天而显得有些僵硬的身体，简单地吃点东西。然后，相约去海边散步。

青岛傍晚的美景令人心醉。海风习习，落日晚霞，潮涨潮落，风起云飞，置身这人间仙境，怎能不让人顿感心胸开阔、其乐无穷呢！

四个人漫步在金色的沙滩上，畅谈编书心得及各自的人生理想。可惜，一场全国性的反右斗争打断了他们的编写计划。后来，年轻的徐光宪编著出版了《物质结构》一书，作为高校化学系的正式教科书。

最年轻的化学学部委员

1956年，作为中国科学院学部委员，卢嘉锡参加了在北京召开的我国十二年科学发展规划会议。这是新中国成立以来首次制定科学远景规划，一幅关于我国科学事业如何发展的宏伟蓝图，将由广大科学家运用集体的聪明才智描绘而成。能够参加这个意义重大的会议，卢嘉锡心中充满了自豪感和使命感。

会议在北京西郊宾馆隆重开幕，周恩来总理、李富春、聂荣臻副总理等国家领导人出席了会议。周总理在听取了主持具体工作的领导详细的汇报后，充分肯定了已经取得的成绩，同时指出：要发展科学，单纯从任务出发是不够的，还应该从学科出发。他建议每个学科组都提出一个好的中心课题。

周总理的意见传达后，卢嘉锡感到既兴奋又惊讶、总理并不是搞自然科学的，怎么对发展科学的事说得如此切中要害呢！一种深深的敬佩之情，在卢嘉锡心中油然升起。"从学科方面出发"是他由来已久的心愿。

会议期间，卢嘉锡和唐敖庆一起反复思考、商量，最后认定从化学的角度来看，作为中心课题，还是"结构与性能的关系"比较好。这一提议得到了化学家们的认同和赞赏，很快被确定下来。

参加化学组的十几位代表基本上都是学部委员，而且大部分是德高望重的老一辈化学家。刚刚40岁的卢嘉锡和唐敖庆在组内是最年轻的两位。除正式代表外，还有刚从国外留学归来，被卢嘉锡"拉"到会上的蔡启瑞教授。

化学组的组长是数理化学部副主任、南开大学校长杨石先教授。杨教授年逾花甲，德高望重，他十分器重卢嘉锡和唐敖庆，这两位年轻的化学家成了他的得力助手。中心课题确定后，他就把制定化学学科规划的文字工作交给了这两位助手。

一连几天，卢嘉锡和唐敖庆废寝忘食，夜以继日，埋头苦干。每一句话都要经过反复斟酌，每一个提法都要经过仔细推敲。这个规划，不知耗去了两个人多少心血。有付出，就会有收获，规划顺利通过时，卢嘉锡和唐敖庆相视一笑，感受了大家真诚的理解后的由衷的欣慰。

说起来，卢嘉锡和唐敖庆的交往和合作，早在相识之初就已开始，并且把这份珍贵的友情整整保持了一生。

认识这两位化学家的人都说，二人"由表及里"完全相似：一样中等偏胖的身材，同年出生，都戴着近视眼镜；都热爱教育和科研；都有一付洪亮的大嗓门；性格也都是热情、豪放、健谈、待人诚挚，个性坚强，毅力超人。每次开会聚在一起，两个人总是在一张桌子上吃饭，住在一个房间，聊天散步，几乎形影不离。久而久之，有人戏称这两位遨游在微观世界里的学者是"一个共价键联结着的两个原子"。

卢嘉锡和唐敖庆不仅在学业上共同切磋，互相促进，而且在事业上也是相互促进，相互鼎力支持。1953年初夏，卢嘉锡在北京参加中国化学会的学术会议和综合大学工作会议。此时也在京参加中国化学会会议的唐敖庆，听说卢嘉锡的两名首批研究生正在中国科学院应用物理所进修有关实验，做完实验后马上分配工作，就匆匆忙忙地找到卢嘉锡：

"嘉锡，你舍得让您的研究生毕业后到我那里工作吗？"

"怎么会舍不得呢！喏，胡玉才——就是他，已经分配到您那里，很快就会去报到的。"卢嘉锡知道唐敖庆正缺人手，早就伸出了援助之手。

"我想——"

"还有什么事吗？"卢嘉锡看好友欲言又止，忙问。

"我想，另一个？噢，叫郑作光……我也要，两个我都要！"唐敖庆有些不好意思地看着卢嘉锡。

"作光，你愿不愿意跟着唐先生？"卢嘉锡微笑着问站在身边的心爱的弟子。

"当然愿意！"郑作光不假思索地回答。

当时，他已接到要他去山东大学报到的通知。论条件，地处青岛的山东大学要比刚刚创办的东北人民大学好得多，但他早就从导师那儿和一些学术刊物上了解到唐先生"学问特棒"，只要能跟随名师学习、工作，就是再苦，他也不怕。

后来，经过一番交涉，卢嘉锡把两个大弟子都"移交"给了唐敖庆。

这件事，使唐敖庆深受感动，正是共同的事业和追求，把两个人的心紧紧地连在了一起。还有一件事令唐敖庆终生难忘。

有一次在京开会，两个人住在同一个房间。第二天早晨，唐敖庆照例7点钟起来，却发现卢嘉锡已靠在窗口，借着晨曦正聚精会神的看书。比起南方来，北京的黎明要迟到许多，习惯早起的卢嘉锡没有开灯，唯恐惊扰了对方的睡眠。一瞬间，唐敖庆感到自己内心深处，受到了一次强烈的震撼。是什么力量支撑着卢嘉锡，使他如此珍惜这生命中的每一分钟？是什么力量凝成了卢嘉锡那颗善良的心，使他时时刻刻想着别人，关心、爱护着他身边的人？

那个清晨，那一抹晨曦，那个窗口握书晨读的身影，就这样永远地留在了唐敖庆的记忆中。

卢嘉锡和唐敖庆在各自拥有的学科领域，携手跋涉，并肩攀登，都取得了卓越的成就，分别被誉为我国"结构化学学科的主要奠基人之一"和"量子化学学科的奠基人"。两个人的友谊也在化学发展史上传为佳话。

任福州大学副校长期间的工作

卢嘉锡把全部精力都投入到工作中去了，家庭重担完全落在妻子吴逊玉的肩头。她不仅要操持家务，而且还要照顾、教育7个子女。

嵩岳、咸池、象乾三个男孩出生在新中国成立前；长女葛覃出生在1949年11月新中国刚刚成立之时，第四个男孩1952年出生在龙岩东肖乡龙泉村，故取名龙泉；第五个男孩生于1953年，取名凤林，典出"五凤齐飞人翰林"；次女紫莼生于1957年。

作为有文化修养的女性，吴逊玉有过自己的理想和追求，但是为了支持嘉锡的事业和工作，为了抚养7个孩子，她毅然放弃了工作，把毕生心血融入丈夫的事业和孩子的成长中去。

正因为有妻子的全力支持，卢嘉锡才能毫无后顾之忧地投身工作。他的工作业绩在厦大是有口皆碑的。

新中国成立后，福建省由于当时特定的历史条件和所处的前沿地理环境的限制，工业建设一直没有得到相应发展。省内也没有一所工科大学，每年源源不断地向全国各地输送大批优秀的高中毕业生，而本省工业建设所需的技术人才却十分缺乏。

1958年，以叶飞同志为第一书记的福建省委认为，从长远观点看，福建省要想摆脱"一穷二白"的落后面貌，除了抓好农业。还必须逐步发展工业，这就需要大量的专门人才。而培养人才的根本途径之一就是自力更生，创办本省的理工大学。这在当时，是一个相当不容易的决定，因为有很多地区的百姓还吃不饱肚子。不过，省委下了决心，省委第一书记掷地有声地说："就是当裤子也要把福州大学办起来，并办好。"福州大学，这所今天已拥有万名学子的高等学府，就是在这种情形下开始筹办起来的。当年和1959年招收的头两届学生，暂时寄读在厦门大学。

中共福建省委在筹备建校的过程中，委托厦门大学帮助推荐一名高级教授担任福州大学副校长。经过一段时间的酝酿，1959年底，厦门大学党委征得省委同意后，找到卢嘉锡，请他出任该职务。

此时，卢嘉锡刚刚45岁，正是年富力强的时候。厦门是他的家乡，厦大是他的母校，他深深地热爱这片风光秀丽的土地，从未想过要离开，对这一工作调动自然无思想准备。不过，他还是毅然接受了这一重任，因为他知道，这是组织上的信任及全省人民的重托。

1960年初，中共福建省委决定，为了减轻厦大的负担，原在厦大寄读的福大几千名学生，以及大部分从厦大抽调支援福大的教师要尽快，集中到福州新校址，时间显得十分紧迫。

1960年7月底，卢嘉锡踏上了去福州的列车。随行的还有部分已调到福州大学工作的年轻教师和原寄读厦大的学生。卢嘉锡从此开始了他福州22年的创业生涯。

在当时校党委的领导下，经过全体筹备人员的艰苦努力，建校工作进展得很快，但是与一个高等学府的起码要求还相差得很远。当卢嘉锡初次踏上这块他将要为之奋斗多年，并付出无数心血的土地时，映入他眼帘的是一片荒芜：闽海之滨，水波不兴，怡山脚下，蒿草丛生，西禅古刹，寂寥无声。已经竣工的教学楼只有原土建楼一幢，机器轰鸣，施工仍在继续。宿舍楼门窗未安，脚手架林立。校园里泥泞不堪。

学生们在临时搭盖的竹棚里吃饭，大多数时候吃的都是海带和空心菜，大家笑称是"无缝钢管加钢板"。上课做实验只能挤在几间简易教室和尚未装修好的宿舍卫生间及晾衣台上。紧邻的西禅古刹充当临时图书馆，邻近的部队医院病房腾出来，辟为实验室和职工宿舍。这一切，常常让卢嘉锡想起在龙岩白土乡那段艰苦的日子。

一个月后，夫人吴逊玉带着6个未成年的孩子，迁来福州。搬家时，卢嘉锡无法抽时间回去，只好委托三位拟调福大工作的年轻教师帮忙。作为一位知名的科学家和一级教授，卢嘉锡在厦门大学已享有很高声望，他能义无反顾地来到条件十分艰苦的福大创业，本身就具有很强的感染力和号召力。很多年轻教师在他的激励下，投身这片暂时荒芜的土地，奉献无悔的青春。

校党委副书记张孤梅是一位参加过新四军和抗美援朝志愿军的老干部，热心教育，办事果断，很有工作魅力。在工作上，他充分信任卢嘉锡，在生活上，他处处关心这位年轻有为的化学家，使卢嘉锡很快适应了这里的一切，迅速投入到繁重的建校工作中去。

卢嘉锡是福州大学唯一的一位中国科学院数理化学部委员，也是校领导中唯一的一位著名科学家，肩负着教学、科研的规划和安排等一系列重任。

作为主管教学和科研的副校长，卢嘉锡在筹建福州大学的阶段，参与了许多重大决策的制定和执行。首先是关于福大的建制。经福建省委研究，确定福大为一所理工大学。这种建制有利于科研和教学相互促进。卢嘉锡在离开厦门大学之前曾担任厦大理学院院长，这就给组建福州大学理科专业带来了很大方便。同时，对两校理科做了合理分工，尽量不重复设置。厦大理科要体现综合大学的特点和性质，多搞基础研究，适当侧重海洋方面的研究，而福大的理科应侧重配合工科搞好理工科结合，促进工科发展。卢嘉锡对这些做了较合理的安排。

除了建制问题，卢嘉锡要面对的最大难题是师资问题。福大新建，年轻教师较多，他们思想活跃，有创新精神，可是这些年轻教师大都大学毕业不久，教学经验不足，业务水平不够高，学校急需骨干老教师。

如何解决这一迫在眉睫的大难题呢？他开始多方捕捉信息，通过各种渠道，争取兄弟院校的援助。很快从浙大、哈工大、西安交大、福建机电学校等大专院校调进一批中老年教师，充当学术带头人和教学骨干。

为了补充福大的高级师资力量，卢嘉锡找到厦大物理系主任黄席棠教授及其夫人高怀蓉教授，邀请他们到福大任教。当时，黄席棠被错划成右派，在厦大已不能担任教学工作。卢嘉锡一方面是同情他们的处境，一方面是为福大的长远发展着想。甘冒风险，帮助这对学识渊博的夫妇重返讲坛。

在多方聘请名师的同时，卢嘉锡还要求各系选拔一批比较优秀的年轻教师和一年级学生，送到天津、上海的重点大学培养和深造，毕业后回校任教。这些同志在外校学习刻苦，成绩优异。回校后，不仅带回极其宝贵的教学资料，而且还带回来重点高校名师的教学经验和科研成果和信息，使福大如虎添翼，发展很快。

在抓好教学工作的同时，卢嘉锡在建校之初就开始抓福州大学的第一批科研工作。他动员各系教授从国家、福建省内、中国科学院及各产业部门多方争取课题和研究经费。他还利用自己的影响，亲自出面从中科院拿回课题，推动福大的科研发展。

为了尽早反映福州大学的科研工作成果。交流经验，同时，也为了尽快让全社会了解福大，尽快把科研成果推向社会，推向企业，1961年，卢嘉锡亲自主持了《福州大学学报》（自然科学版）的筹备工作。他亲自筹划版面，亲自组稿，而且亲自审阅每篇论文，不仅对文章内容提出意见，甚至连文字也反复斟酌、修改。

无数个夜晚，卢嘉锡独自在灯下默默地工作着。星光闪烁，夜色深沉，多少人在宁静中进入了梦乡。卢嘉锡披一身如水的月光，独坐窗前，静静地呼唤着心中的希望，默默地耕耘着人生的理想。

1961年，《福州大学学报》创刊号出版了。由于当时纸张紧缺，学报用的是粗糙的毛边纸。可是谁又能知道，这每一页粗糙的毛边纸中，凝聚着卢嘉锡多少血、多少希望、多少个不眠的夜晚呢！

卢嘉锡肩上的担子越来越重了。因为他在接任福州大学副校长这一职务的同时，还承担着另一个重要的任务，那就是筹建中国科学院福建分院。

福大的工作完全走上正轨后，卢嘉锡没来得及喘口气，又集中精力筹建中国科学院福建分院。当时福建省只有两位学部委员，即王亚南和卢嘉锡，王亚南是搞社会科学的，卢嘉锡则是搞自然科学的。这就决定了卢嘉锡必然要挑起福建分院理工方面学术带头人的重担。

作为中国科学院福建分院的副院长，卢嘉锡深知责任重大。不过，他非常高兴地接受了这一职务，因为他始终牢记父亲的嘱托；始终牢记23年前赴英留学时许下的"报效祖国"的誓言；始终牢记着陈嘉庚先生的殷殷期望。自从1956年加入中国共产党后，卢嘉锡更加坚定了开展科学研究、以科学强国的信念。而筹建中国科学院福建分院，刚好是实现他夙愿最好的机会。

出福州大学，向西行不远，就可以看见两座东西相连的小山丘，当地的农民称之为"猫山"和"鼠山"。山丘上一片荒芜，乱坟间隙，枯枝纵横；荒墓之间，断碑倾斜；杂草丛中，蛇鼠横行。站在小丘上，向四周眺望，东面是清静幽雅、气势宏伟的福州大学，南面是一碧万顷、平整如毡的稻田，北面是波光粼粼、水天一色的池塘，视野开阔，大有开发利用的潜力。

以卢嘉锡为首的院领导当即决定：分院的院址就选在这"猫山"、"鼠山"之上。这里面临闽江，环境清幽，空气清新，是从事科研的好场所；同时毗邻福大，便于领导、交流和相互支援。

按照当时规划的中国科学院福建分院的最初规模，福建分院分成两大块：福州部分和厦门部分。福州部分紧靠福大，厦门部分依托厦大。福州部分设技术物理、应用化学、电子学、自动化、稀有金属和数学力学等研究所和生物物理实验室，总称"六所一室"。

卢嘉锡最初负责抓技术物理和应用化学两个所的工作。尽管福大各项工作占去了他大部分精力，但他还是挤出时间，对两个所的具体工作作出了周密安排。他把研究项目安排得既有侧重，又能相互配合。在实验室的建设上，一方面积极争取国内外定型仪器，一方面提倡艰苦奋斗、自力更生。卢嘉锡从小经受了各种磨炼，他走到哪儿，就把艰苦奋斗的精神带到哪儿。

福建分院的最初筹建计划，虽然显示出福建人民投入科学技术大跃进的决心和信心，但是，随着时间的推移，如同整个国家提倡的"大跃进"一样，显示出它不切实际的弊端。由于严重地脱离了当时福建省科技水平和工业十分落后的状况，所以这个计划要作重大的调整。

1962年，福建省也和全国一样，贯彻执行中央的"调整、巩固、充实、提高"八字方针。福建分院的福州部分经过调整，合并了"六所一室"，创建了中国科学院福建物质结构研究所。

创建物质结构研究所

　　建所初期，如同创建福州大学一样，卢嘉锡和他的同事们仍然面临着许多意想不到的困难。不仅资金缺乏，物资紧张，科研工作难以为继，就是日常生活也极为艰苦。

　　卢嘉锡和分配来所的年轻大中专毕业生，以及全所的工作人员一起，顽强地与困难作斗争。他们自己动手开山铺路，挖掘地基，自盖竹棚。手被磨出了鲜血，没有人叫累，叫苦。他们在盖房建屋的同时，还植树栽花，美化环境，美化自己的生活。

　　由于粮食定量不足，副食品奇缺，年轻人在紧张的工作、学习和体力劳动后，因营养不良，患了水肿病。可是没有一个人离开这片正在创造生机、创造辉煌的土地。他们热爱刚刚诞生的物构所，就像热爱自己的生命一样。

卢嘉锡一家8口人，同样过着艰苦的日子。由于党和上级领导的关怀照顾，他们总算没有挨饿。不过，6个孩子都未成年，吴逊玉又没有工作，生活仍然是捉襟见肘。为了使肩负重任的卢嘉锡不至于在困难时期拖垮了身体，吴逊玉这位有才有识的坚强女子，竟亲自饲养了几只母鸡，攒下鸡蛋给卢嘉锡增加一点儿营养。

生活虽然十分艰苦，但是所有的人都对未来充满了信心。艰苦奋斗、奋发图强，是大家共同的信念。卢嘉锡作为建所中的唯一一位高级专家和所长，无疑起到了中流砥柱的作用。他舍弃厦门大学多年创立的事业基础，为国家科学事业甘赴艰辛，从零做起的执著的创业精神；他那夜以继日为建所四处奔走、忙碌操劳的身影；他那诙谐幽默、充满乐观向上精神的谈吐；他那平易近人，待人热诚的作风，无形中产生了一种坚韧的凝聚力和巨大的感染力。对当时的许多年轻人来说，为建所呕心沥血的卢嘉锡不仅是一位优秀的领导，一位学识渊博的专家，而且是一个可亲可敬的亲人。

经过一段时间的顽强奋斗，一座四层和一座两层的实验楼，终于在荒山野岭上建造完成，并投入使用，科研人员和职工也陆续安顿下来。

在办所方向以及相应的机构体制确立之后，为了保证总体目标的实现，卢嘉锡根据周恩来总理当时对科技发展提出的"实事求是，循序渐进，齐头并进，迎头赶上"的指示精神，着重从建设一个现代科研机构的四个基本条件方面，做了大量工作。这四个方面包括：计划和规划的制定；队伍的组织形成；学术气氛的培养和提高；设备资料的配置与现代技术系统的建立。

在卢嘉锡的具体指导和亲自主持下，物构所制定了1963—1964年的两年具体计划，也做了1965—1976年的三年大体规划和1968—1972年的五年设想。这些计划、规划和设想都具体体现了卢嘉锡那种既要实事求是，循序渐进，又要迎头赶上的指导思想。

同时，卢嘉锡还注重培养所内的学术气氛。他要求各个研究小组里通过讨论的形式，经常交流文献资料，相互介绍国内外学术动态，研究工作中遇到的情况和问题。他强调，这种形式是培养浓厚学术气氛的"命根子"，一定要坚持不懈，形成传统。事实正是这样，很快，物构所内就形成了良好的学术氛围。

仪器设备和文献资料是科研工作的"粮草"，卢嘉锡当然不会放松。但是，由于起步较晚和各种条件所限，图书资料少得可怜，根本无法应付物构所建立现代化物质结构研究基地的需要；仪器设备缺口更大。面对这种情况，卢嘉锡提出，一方面要继续自力更生，进一步推动仿制工作；另一方面，要想方设法筹集外汇，进口少量急需的精密度较高的仪器和配件。

　　千头万绪的建所事务，卢嘉锡事必躬亲，而不敢有丝毫的疏漏。尽管他明知，这些繁杂琐碎的事务，会消耗掉他本可以用于科学研究的宝贵时间和精力，可是，为了把结构化学这门学科在我国建立起来，为了国家的科学事业的发展，为了了却多少代人的夙愿，卢嘉锡倾尽心血，细心呵护这株刚刚破土而出的幼苗，满腔热忱地为它创造着尽可能完善的成长环境。

最受爱戴的研究生导师

卢嘉锡一向注重培养人才。如果说，他在厦门大学期间，培养研究生一般还要兼顾教学和科研两方面的话；那么，要想把物构所办成我国一个综合的结构化学研究基地，花更大气力去培养既有丰富的理论知识，又有扎实的实验技术的结构化学人才，建立一支坚强有力的结构化学科研队伍，就显得更加必要和更加迫切了。

但是，物构所当时达到或超过助理研究员水平的专职人员只有3人；专职的研究实习员50多人，主要是刚刚毕业的大学生，他们的科研能力较低。

卢嘉锡一方面争取福州大学党委的支持，请福大教授到物构所兼职指导工作；同时，还想办法调回一些在外地工作的，他培养出来的研究生，充实物构所的科研力量。

招收和培养研究生是培养人才的有效途径。为了解决科研工作的燃眉之急，卢嘉锡在建所初期的百忙之中，又在1962年和1964年招收了两期研究生。他亲自给这6名研究生讲授物质结构、高等物理化学、理论晶体学、群论在化学中的应用等课程。他讲课时用英文提纲，课外出英文题目，以便提高听课者的英语能力。他要求参加旁听的物理系或数学系毕业的科研人员也要好化学课程，做好化学课的作业；化学系毕业生更要掌握好数学和物理知识。

每次卢嘉锡讲课，总会吸引众多的听者。他那渊博的学识，超人的记忆力，富有魅力的口才，整洁隽逸的板书，无不感染着在座的每一个人。讲授中间，卢嘉锡还常常穿插某位化学家的轶事，或某个英语单词的典故，使课堂洋溢着轻松活泼、自然和谐的气氛。这种气氛强烈地吸引着他的研究生、所内年轻的各专业人员，吸引着慕名而来的福州大学、福建师范学院的师生们。

卢嘉锡对自己要求十分严格，无论怎样忙和累，他仍然坚持读书、实验、认真备课。同样，他也严格要求自己的学生和所内年轻的科研人员。他一直牢记着在厦大读书时，张资珙教授讲过的"C_3H_3"法则，并且用这三条化学工作者必须具备的基本要求规范自己的学生：告诫他们要保持清醒的头脑、灵巧的双手、洁净的习惯。

学生们都十分尊敬这位要求严格的老师，自觉规范自己的言行。逐渐地，每个人都养成了做事认真、一丝不苟的好习惯。

有一次，一位华裔学者来访，在物构所梯形教室作学术讲座。这是一个阳光明媚的上午，教室里坐满了人，物构所的年轻教师和学生们边听边记，四周静悄悄的，学者清晰、流畅的讲解沁入每一位听众的心田。

卢嘉锡偶尔抬头，发现自己的两个弟子正面带疑惑地交头接耳，虽然听不见他们说些什么，但这种不礼貌的做法令他不快。

中间休息时，卢嘉锡合上本子，站起身向外走去，脸上的表情十分严肃。他的弟子们紧随其后，也走了出来。

"刚才听讲时，你们在讨论什么？"卢嘉锡的声音里带有一丝责备。

"对不起，老师，这位先生的板书实在太潦草，我都认不出来。"一个弟子赶紧解释。

"不会吧，我看还可以。"

"老师，都是您把我们惯坏了。"另一个弟子接着答道。

卢嘉锡疑惑地停下脚步，愣了一下，才反应过来学生说的是他的板书一向太过于工整。他亲切地拍了拍弟子肩头，哈哈大笑起来。

卢嘉锡用自己的一言一行影响和带动着物构所的年轻人，他们认真对待每一个实验，每一篇文章，每一个观点，甚至每一个小小的数据。

为使年轻的科研人员在结构化学知识方面打好基础，1963年，卢嘉锡和中科院上海有机化学研究所的著名有机化学家黄耀曾教授组织曾广植等人，翻译了他的导师、世界著名结构化家家鲍林教授的结构化学经典名著《化学键的本质》。这本书的出版，不仅在当时满足了物构所广大年轻科研工作者的急需，而且一直是我国结构化学工作者必务的参考书，为我国结构化学的发展做出了有益的贡献。

卢嘉锡在建所期间，呕心沥血地培养科研骨干，他培养和教导着每一位有志于结构化学研究的年轻人，为他们铺路架桥，甘当人梯。为了使物构所尽快发展壮大，卢嘉锡放弃了个人的一切，他的付出无可估量。在他那个宽广无私、纯洁无瑕的心灵世界中，正燃烧着永不熄灭的生命和科技之火。

陈创天是1962年到物构所报到的。来了没几天，卢嘉锡就到他的实验室，关切地询问有关情况。谈完了生活方面的事情后，卢嘉锡语重心长地说：

"你是搞理论物理的，但现在这个研究所搞的是结构化学，是物理化学的一个分支，就是用近代物理实验和理论研究方法作为研究手段，来解决分子原子水平上的结构及其与性能关系的问题。你的研究工作重点要从理论物理向结构化学理论方面转移过来。"

"有很多知识我都不懂，卢先生，我该怎么做呢？"

"你可以边工作边学习，不懂可以来问我，我们一起研究。"卢嘉锡微笑着说。

临走前，卢嘉锡还给陈创天介绍了搞物质结构必须具备的基本知识，列出了一系列参考书。陈创天到物构所后上的这一课，为他这位原来以理论物理为专业的年轻科学工作者的成长，起了引路的作用。

在随后的三年中，陈创天经常登门求教。卢嘉锡无论怎样忙，有时甚至正在吃饭，都立刻停下来，帮他解决疑难。陈创天后来深有感触地说："这三年对我的人生是一次很大的推动，使我懂得了结构化学理论的基本研究内容和研究方法。最值得庆幸的是遇到了指点迷津的恩师。这三年，我实际上是卢先生的业余研究生。"

后来，卢嘉锡还帮助和支持陈创天确定科研方向，选择课题。在他的悉心教导下，一个刚出校门的大学生，终于脚踏实地地迈进了科学殿堂，并且取得了丰硕成果。

卢嘉锡不仅在学术上培养，教导所内的研究人员，而且在生活上关心、照顾他们，就像对待自己的亲人一样。

黄金陵教授在留苏期间，听说国内经济困难，政府动员教工家属迁回农村老家，他立刻响应了这一号召，当时学校有关部门曾表态，两年后可以回城，但没想到一拖就是16年。在此期间，卢嘉锡一直关心此事，多次找有关部门反映，直到解决为止。

1969年冬天，黄金陵教授和一些同志共同创办多晶硅厂。有一天他们到物构所搬运冷冻机，黄金陵教授突然晕倒在地。卢嘉锡知道后，不顾自己当时艰难处境，立刻赶到福州大学教工楼看望。他看着黄金陵瘦弱的身体，心里十分难过，他不停地叮嘱黄金陵爱惜身体，劳逸结合。还把黄金陵请到家中，让自己的夫人为他煮了一锅红烧狗肉（那时猪肉供应很紧），以补充体力和营养。黄金陵低头夹菜，两行热泪随即滚落下来。

到1966年，物构所的创业者们仍然凭借顽强的意志和献身科学的精神迈步向前，并且取得了多项重大科研成果。但是，卢嘉锡没有料到，在一场革命运动中，他亲手创建起来的物构所也惨遭劫难，几乎付之东流。

在科学的春天里奉献才华

1977年6月，卢嘉锡应邀参加了在北京召开中国科学院工作会议。祖国的科学事业迎来了一个明媚的春天，在历史转折点上的这次大会，极大地激发了全体科研人员的热情和积极性。

在新形势下，卢嘉锡根据他一贯的办所指导方针，首先重新强调了中国科学院福建物质结构研究所是以结构化学基础研究为主的综合研究机构。同时，他根据物构所10多年来的发展状况，以及未来的发展趋势和设想，重新确定了物构所科研的方向和任务。

在管理体制上，实行研究所、研究室、课题组三级管理，并于1979年6月成立了学术委员会，卢嘉锡亲自担任学术委员会主任。为补充结构化学方面的年轻人才，卢嘉锡又一次亲自着手培养研究生的工作。1978年10月，他和福州大学联合招收了8名物理化学研究生。从这以后，物构所成为我国物理化学和固体物理的硕士研究生、博士研究生的定点培养单位。每年都为国家培养了数名品学兼优的高级专门人才。

1978年12月，卢嘉锡在福州主持召开了全国第二次结构化学学术会议。全国120多个学术团体、260多位代表参加了这一盛会。吴学周、唐敖庆、吴征铠、钱人元、蔡启瑞等老一辈科学家都来到福州，参加这次全国结构化学界的大会，卢嘉锡在会上作了题为"原子簇化合物的结构化学"的专题综述报告。

1978年盛夏时，以卢嘉锡为团长的我国固氮代表团，曾到美国威斯康辛大学，参加在那里举行的第三届国际固氮学术讨论会。然而，在美丽的威斯康辛大学校园，在宽敞明亮的会议大厅里，年逾花甲的卢嘉锡神采奕奕，侃侃而谈。他用纯熟、地道的英语，向来自五大洲27个国家的400多位代表，作了题为"新中国固氮研究概况"的综合学术报告，并对他提出的两个模型作了简要介绍。

报告一结束，会场上立刻响起了经久不息的掌声。许多代表激动地向中国代表团涌来。

一位美国著名的生物有机化学家急切地走过来，跷着大拇指，对卢嘉锡说："你们在1973年，就提出了固氮酶催化活性中心的原子簇结构模型，真是太了不起了！"

"这都是我们物构所全体科研人员共同努力的结果。"卢嘉锡谦逊地笑着说。

一位华裔美籍科学家握着卢嘉锡的手，激动地说：

"想不到祖国在固氮方面取得这么大的进展，真是让我们这些海外的炎黄子孙感到无比的自豪和莫大的鼓舞。"

这些来自世界各国的科学家、学者，都对卢嘉锡、唐敖庆、蔡启瑞等中国科学家在那样艰难的环境里，还坚持基础理论研究，"化学模拟生态固氮"这样的重大课题，并且至少比西方提前4年提出了自己的固氮酶活性中心的结构模型，感到由衷的惊奇和敬佩。

从1976年到1981年，卢嘉锡在物构所大展才华，既发挥了他卓越的组织管理才能，同时也显示出他作为一位德高望重的科学家的气度和非凡的科研能力。他放开手脚，心情舒畅地按建所初期的整套设想，以及80年代国际结构化学的最新动态，重新为物构所的壮大和发展，描绘了一幅宏伟的蓝图，并且逐步付诸实施。物构所在短短几年间已声名远播，蜚声海内外，成为世人瞩目的一个结构化学研究中心。

为中国的科学事业呕心沥血

　　为了加强科学研究工作的领导，1980年，科学院党组考虑增补科学家担任副院长。当时五位科学家副院长中，童第周已经过世，严济慈、周培源、华罗庚已是古稀老人了，难以承担繁重的工作。院长方毅由于中央工作繁忙，又兼国家科委主任，无力兼顾科学院的工作，请求辞去院长职务。

　　最后经中央同意，除物理学家钱三强继续留任副院长外，另外增补化学家卢嘉锡、金属学家李薰、材料学家严东生、生理学家冯德培、气象学家叶笃正为副院长，然后从中酝酿出院长人选。

　　1980年底的一天中午，吃过饭，卢嘉锡正在物构所办公室修改一篇论文。一阵清脆的电话铃声，打破了午后的沉寂。卢嘉锡放下手中厚厚一摞文稿，拿起听筒。

　　电话是中科院副秘书长、化学部专职副主任、院党组成员李苏打来的：

　　"卢先生，上午党组开会，决定调你到院部工作，先让你担任化学部代主任，因为学部主任要经大会选举产生。党组希望你尽快来院部上班。"

　　"好吧，我先把这边的工作交代和安排一下就去。"尽管电话有些突然，卢嘉锡还是很快答应了。

　　两个人又谈了一些有关情况后，李苏忽然有些神秘地说：

　　"院里正准备召开学部大会。不过，大会之后，你不是拿掉一个'代'字，而是全部拿掉。"

　　"为什么？"

　　"到时候你就知道了。"

　　放下听筒，卢嘉锡看着沉默的电话机笑了一下，他可没有时间去猜李苏留下的这个谜语。要他离开工作了21年的物质结构研究所，他一下子觉得有很多事还没有来得及做完，还有很多事牵挂着他的心，使他无法轻松离去。

站在这片自己亲自开拓出来的坚实的土地上，看着20年前栽种的小树苗已长成了参天大树，卢嘉锡心中感到温暖和欣慰。他想：一个人活着就要付出，就要奋斗，不必去计较生活的回报，不必去计较流过的汗水，只要能活得充实、坦荡，那就是一种成功。

　　1981年2月13日，卢嘉锡乘飞机从福州来到首都北京。一下飞机，他就惊讶地发现，此行与往常大有不同。因为中科学院下属单位多，来京办事的各单位领导干部，除开会外，一般不安排接送，都是自己乘车到院部招待所，自己安排食宿。可是，这次当卢嘉锡一走进机场大厅，院办公厅副主任戴以夫和化学部干部陈爱如已满面笑容地迎上前来，并且一直把他送到友谊宾馆。卢嘉锡心中暗暗奇怪，不过，他什么也没问，只简单说了说工作交接的事。

　　1981年5月，第四届学部委员大会在北京京西宾馆召开。这是经过十年动乱、距上次大会已隔21年之后召开的非同寻常的一次学部大会。

　　5月19日，在主席团首次会议上，卢嘉锡从没有想到他能被推选为中国科学院院长。又增选了几位科学家副院长，各学部也产生了新的领导机构。旨在加强学术领导的新一届中国科学院领导班子建立起来了。

这次学部大会开得非常隆重。邓小平、彭真、邓颖超等领导同志出席了开幕式。5月20日，中央书记又邀请学部委员在中南海怀仁堂座谈，胡耀邦、万里、方毅、谷牧、宋任穷、姚依林、彭冲等参加了这次座谈。这么多国家领导人出席会见全体学部委员，这在历史上是空前的。刚刚被推举为院长的卢嘉锡心情激动。他暗下决心，一定要兢兢业业，勉力而为，和大家一道把中科院的工作推上一个新的高度。

学部大会结束后，卢嘉锡当选院长的消息也随之传遍海内外。各国新闻媒介做了突出报道，贺电雪片般飞来。

卢嘉锡已年近花甲，他没有太多的幻想，也没有不切实际的奢望，他只想像几十年走过的道路一样，继续踏踏实实地走下去，付出一腔心血，浇铸一个希望，那就是让科学真正为我们国家的强盛作出贡献。

卢嘉锡认为要想把科学院的工作做好，就必须依靠院其他领导、院机关及下属各级领导干部，把大家的积极性全部发挥出来。他和副院长们以抓学术领导为主，依靠各学部加强学术领导工作。日常业务行政管理工作主要依靠秘书长、副秘书长组织机关各部门分工进行。

科研工作全面恢复以后，如何更好地为国民经济和国防建设服务，成为卢嘉锡院长面对的一个重要问题。国民经济调整时期，各方面提出的科研课题很少；承担农村和小企业的科研任务，连推广生产费用也要科研单位负担，科学院也不堪重负。

　　党的十二大不久，中央就技术在"四化"建设中的关键地位、战略作用，以及全国科技工作发展方针和组织领导等问题作出了一系列重要决策，其核心就是科学技术是第一生产力，经济建设必须依靠科学技术，科学技术工作要面向经济建设。

　　卢嘉锡院长认为，社会主义现代化的进展，对科学技术的要求是多方面的、多层次的。科学院作为国家的综合研究中心。必须既考虑到国家当前的需要，尽最大努力解决国家建设近中期迫切需要解决的科学技术问题，又要考虑到国家长远的需要，安排好远期的科研规划和课题，对各类研究工作要有纵深部署。他主张，科技面向经济建设应不拘一格，从实际出发，多类型、多方式、多途径地开展，从事基础研究的也要在头脑里有为经济建设服务这根弦。

　　1981年11月12日，中国科学院主席团第二次会议决定成立科学基金委员会，卢嘉锡被推选为首届主任，严东生、谢希德任副主任，委员均聘请学部委员担任。

科学基金的建立和实施，受到了科学界的广泛欢迎和申请单位的普遍重视，有力地推动了我国科学事业的发展。

卢嘉锡担任中科院院长后，工作异常繁重，他没有时间考虑自己的身体，更没有时间关心家人的生活。

就在他出任院长后不久，夫人吴逊玉的健康状况急剧恶化。多年来，吴逊玉一直跟着他吃苦受累，操持全部家务，抚育7个孩子，一直不堪重负。但是她坚强、勇敢，从不抱怨，她支持丈夫的事业，钦佩丈夫的崇高追求。

然而，病魔是无情的。1981年底，吴逊玉开始经常出现癫痫性眩晕，背也驼了，视力也下降了，有时甚至精神恍惚，神志不清。经福州神经精神病院院长林永祥医生诊断，认为是患了脑瘤，但当时福州尚缺乏对此病症确诊和手术的条件。林医生建议尽快送往北京或上海的专门医院。

卢嘉锡从北京赶回福州家中，看到患难与共、相携相伴45载的爱妻病成这个样子，心情特别沉重，他紧握着她瘦弱的双手，看着她苍白、憔悴的面庞，一种强烈的愧疚和伤感涌上心头，不禁泪流满面。

小女儿紫莼安慰年迈的父亲：

"爸爸，您别太难过了，妈妈一定会好起来的！"

卢嘉锡看了看满脸愁容的小女儿，哽咽着说：

"我和你妈妈结婚后苦了几十年，现在日子好了，她的身体却病成这样……"他悲痛难言。

卢嘉锡一生重情重义，对祖国，对人民，对事业，对家庭，对好友，对亲人，他无不爱得热烈，爱得情真意切，难以割舍！为了挽救爱妻的生命，这位从不叫困难的共产党员，第一次向组织请求帮助。在党中央的直接关怀下，第二年春天，吴逊玉被送进上海华山医院，经确诊为脑膜瘤，需手术治疗。

此时，中科院正在北京友谊宾馆召开工作讨论会，讨论中科院的办院方针，卢嘉锡尽管十分关注这次讨论，可一想到夫人的手术吉凶未卜，他的心就怎么也安定不下来。会议开始后，他没有参加讨论，匆匆赶到上海。

卢嘉锡日夜守护在妻子身边，或许是真挚的爱感动了天地，手术获得了意外的成功，吴逊玉不仅挣脱了死神的纠缠，而且很快康复了。

卢嘉锡如释重负，在中科院工作讨论会结束那天赶回北京，主持了闭幕式。他又全身心地投入工作了。

第三世界科学院的良师益友

　　从1983年初，按照国务院的部署，计划用两年时间编制中国科学院1986—2000年的十五年发展规划。1983年1月，在科学院工作会议的报告中，卢嘉锡提出了编制规划的一些原则。3月，组建了规划工作班子。"五一"节，他又主持召开了3天的规划专题组组长会议，进一步研究部署工作。长远规划工作由此全面展开。卢嘉锡用他那支智慧之笔，为祖国的科学事业描绘着无比绚丽的明天。

　　1984年1月，第五次学部委员大会在北京召开。根据中央决定，学部大会的性质和职能由上次大会确定的最高决策机构，改为评议咨询机构，科学院实行院长负责制。

在这次大会上，卢嘉锡被推选为中国科学院主席团五位执行主席之一。会后，中央批准科学院领导班子调整名单，卢嘉锡继续担任院长，党组书记改由副院长严东生担任。作为一院之长的卢嘉锡，在他的第二年任期内，开始全面执行各项改革措施。

1985年3月13日，中共中央发布了关于技术体制改革的决定，科学院专门召开北京地区科技干部会，传达贯彻决定精神。科学院改革的探索也随之全面展开。

1985年4月，经年初工作会议讨论修改的七个有关改革的文件，最后经院长办公会议通过发出。这些文件有：《中国科学院院部的主要任务》、《关于中国科学院分院的主要任务和职责的暂行规定》等七个文件，有力地推动了科技改革。

卢嘉锡担任了两任共五年半的院长。基本上是在第六个五年计划期间度过的。"六五"是我国实行改革、开放，各方面工作发生重大转折的历史时期。这一时期中科院坚持改革，努力进取，全院面貌发生了很大变化。

5年来，中科院各单位面向经济建设，积极主动地争取中央、地方和企业的科研任务，按照当前与长远相结合，任务与学科相结合的原则，发挥优势，形成特色，在科研工作布局上努力适应社会主义现代化建设的需要；并且坚持贯彻开放方针，进一步同产业部门、企业和社会各方面建立起多层次、多类型的广泛联系，并面向世界，扩大同国际科学界的联系与合作。到1985年，科学院已同12个省市自治区、国务院有关部门和开放城市签订了长期科学技术合作协议；同世界50个国家和地区建立了科技交流，签订了43个科技协议和备忘录。5年来，中科院还加强了科技队伍建设，进一步发挥出中青年科技人员的作用。卢嘉锡在1986年全院工作会议的报告中，对"六五"期间的工作做了小结。指出科学院工作上取得的成绩和进展，是在中央领导下，各级领导干部和全院职工共同努力下取得的。

1987年1月21日，71岁高龄的卢嘉锡，经六届人大常委会第十九次会议通过，免去院长职务。同时卸任的还有严东生等。卢嘉锡不再担任院长之后，依然保留中国科学院学部大会主席团的执行主席职务。1月24日，又被聘请为中国科学院特邀顾问。

卸任时，卢嘉锡收到了厦门的一位老朋友的来信。写信的是卢嘉锡大学时代相识，相交了60多年的好友林鹤龄。他在信中引用了一个典故，对卢嘉锡卸任表示由衷的祝贺。他认为卢嘉锡卸任后，可以获得较充足的时间从事学术研究，这对一位才能卓越的科学家来说，实在是一件可喜可贺的事。

卢嘉锡读着这封不是在上任时，而是在卸任时的"贺信"，心潮起伏，久久不能平静。透过信笺上熟悉的字迹，故乡的青山绿水，日光岩上的蓝天白云，又一次无遮无拦地扑入他的眼帘，那碧草的清香，那野花的芬芳，那沁人心脾的海风，那千万年不变，缠卷飞扬的大海波涛，呼唤着他，吸引着他。一瞬间，满头银发的卢嘉锡似乎又回到了过去的日子。可惜时光不能倒流，过去的岁月永远过去了！

卢嘉锡从遐想中回到现实，他平静地坐在桌前，提笔为好友回信。在信中，他借用了诸葛亮《出师表》中的一句话："臣本布衣，躬耕南阳。"流露出他想回亲手创建起来的物构所工作的愿望。

在卢嘉锡和他的朋友们看来，如果他真能一无牵挂地回到普通学者的位置上去，那对他的科学研究无疑是十分有益的。不过，卢嘉锡此时还肩负着第三世界科学院的工作，正忙着筹备在北京举行的该院第三次大会，一时之间，难以脱身。

1985年时，卢嘉锡当选为第三世界科学院院士和理事会理事。从那时起，他就和第三世界科学院，以及第三世界的科技发展事业结下了不解之缘。

第三世界科学院的创始人是巴基斯坦籍的萨拉姆教授。1986年7月，在卢嘉锡的不懈努力下，中国科技界加入了第三世界科学院，扩大了中国在第三世界科学院以及整个第三世界的影响，树立了中国科学界对外合作的良好形象。

1986年9月23日，萨拉姆教授拜会邓小平同志时，一开头就说：

"我要向您，向中国科学院卢院长表示感谢，感谢邀请我来华访问，感谢您接见我。"

经过一系列紧张而有成效的准备工作，第三世界科学院第二次大会终于在北京召开。1987年9月14日，150多名来自50多个第三世界和部分发达国家及地区的科学院院长、政府科技官员、世界著名科学家和一些国际组织的代表，云集美丽的北京城，参加第三世界国家科学界的这次盛会。

我国国家主席、国务院总理以及国务委员等不少国家领导人参加了大会开幕式，会场气氛十分热烈。各国代表都对中国政府如此重视科学发展，重视国际间的交流与合作感到钦佩和振奋。

开幕式的当天晚上，在人民大会堂举行了盛大的招待会。卢嘉锡致祝酒词，他说："今天，许多第三世界科学界的新老朋友、许多发达国家的朋友来到这里，真是人才济济，群英荟萃。"

这么多科学精英在一起讨论科学发展与合作问题，交流经验，互相学习，不仅可以促进发展中国家的科学进步，而且也将对南北合作给以新的推动，因而这是一次非常重要的会议。

第三世界科学院第二次大会获得了圆满成功，大大提高和加强了我国在国际上尤其是在第三世界科技界的地位。卢嘉锡在中国科学院与第三世界科学院间的出色的桥梁作用，以及在这次大会上表现出来的卓越的组织才能，使萨拉姆和他的同事们十分赞赏。在1988年第三世界科学院理事会上，卢嘉锡被推选为该院负责亚洲地区事务的副院长。

虽然很忙，很累，可是卢嘉锡仍然工作得很愉快。这位慈爱的老人，把他那颗真诚的心交给了哺育他成长的祖国。他在忙忙碌碌的组织和领导工作中，收获着人民的希望；他在默默的科研中，为科技强国作出了卓越和贡献。

莫道桑榆晚，为霞尚满天

自1988年担任全国政协副主席和农工民主党中央主席起，卢嘉锡被推上风起云涌的政治和社会活动的大舞台，担负起高级领导重任。

这并不是卢嘉锡的所求，作为一个热爱科学的学者，他更喜欢安静的书斋和实验室。但是他很清楚，这是人民和党对他的信任和重托，作为一名共产党员，履行神圣的职责是义不容辞的。

在卢嘉锡的办公室墙壁上，悬挂着他亲笔书写的条幅：

苟利国家生死以，

岂因福祸避趋之！

这是1989年，刚走上高级领导岗位不久的卢嘉锡为自己写下的座右铭。

诗句出自林则徐的《赴戍登程口占示家人》。意思是：只要事情有利于国家，不管生死也要去做；立身行事，怎么能为个人利益趋福避祸！林则徐很喜欢这两句诗，经常吟诵，以表自己至死不悔的爱国志节。

卢嘉锡把条幅镶在镜框里，端端正正地挂在墙上，时刻提醒自己：在参与国家方针政策的协商和制订中，要处处以国家利益为准则，而不计个人祸福。卢嘉锡的确是这么做的，他一生行事，坦坦荡荡，其爱国赤诚，苍天可鉴。

1992年9月30日，对卢嘉锡来说，是一个永远难忘的不幸的日子。这天上午，燃尽生命最后一息的吴逊玉，终于阖上了她疲倦的双眸，永远地长眠了。

10年前手术后，上海华山医院的主治医生就告诉卢嘉锡：夫人的病10年后必定复发，而那时他们也就无能为力了。从1982年2月手至去世时止，吴逊玉刚好走完她人生的最后一个10年！

吴逊玉一生劳苦，牺牲了个人的一切，从未有过丝毫怨言，她就这样坚强地站在丈夫的背后，无怨无悔地走完了自己平凡的一生。虽然不幸是预料之中的事，然而对一向重感情的卢嘉锡来说，打击仍然是十分沉重的。强烈的负疚感郁积在他心中，无法排遣，折磨着他敏感的心灵。他痛心疾首地伏在空空的病床上，泣不成声。刻骨铭心的眷念与悲伤交织在起，纠缠着他的心，让他无法平静。

料理夫人的丧事后，卢嘉锡又默默地投入工作，甚至比以前更加努力工作，也许只有一刻不停地工作，才能使他暂时忘记悲伤。

1993年4月，中共中央宣传部邀请各民主党派领导人举行爱国主义教育座谈会，卢嘉锡精心准备了一篇题为《知我中华、爱我中华、兴我中华》的文稿，第一个在会上发言。根据切身体验，他深有感触地说：

"爱国主义是人们世代相承的对自己祖国深入骨髓的感情和溶入血液的信念。这是极为宝贵的精神财富，历史上杰出的爱国者无不得益于祖国文化精华的哺育，无不充满着强烈的爱国主义情感。我们要把爱国主义教育作为基本的教育内容，长期抓，经常抓，各方面齐抓共管，使它渗透到社会生活的各个领域中去；要从国情出发，自觉地培养民族的崛起意识、振兴意识，把爱国主义情感升华为深切的历史责任感和时代紧迫感。"

卢嘉锡还精辟地指出，进行爱国主义教育应该分以下三个层次：

知我中华：唯有认识深刻，方能爱之真切。要"知"，就要开展广泛深入、丰富多彩的历史的和现实的教育。

爱我中华：要真正激发爱国主义情感，从小培养感受爱国主义崇高情感的能力，培养民族自尊心和自信心。

兴我中华：这是进行爱国主义教育的最终目的。只有知我中华，才能爱我中华；只要爱我中华，才能以一片赤诚和全部才智报效祖国，使我中华兴盛、繁荣。

这篇发言稿很快被中央和地方各大电台、报刊播发、登载，在国内产生了广泛而强烈的反响。

1994年冬天，亚洲最高的上海"东方明珠"电视塔建成，人们站在老远的地方，就可以看见前面长墙上清晰地横亘着12个大字："知我中华 爱我中华 兴我中华"。全国各地纷纷学习卢嘉锡的讲话，组织丰富多彩、有声有色的教育活动，使爱国主义教育更加深入开展下去。

两千多年前，大教育家孔子的弟子曾参曾说："吾日三省吾身：为人谋而不忠乎？与朋友交而不信乎？传不习乎？"卢嘉锡小时候跟父亲学古文时学到了这段话，并且留下了深刻印象。担任高级领导职务后，天性豁达、豪爽不拘的卢嘉锡为自己题写了"三省"座右铭，这"三省"就是从曾参的一句话中得到启发的：

吾日三省吾身：为"四化"大局谋而不忠乎？与国内外同行交流学术而乏创新乎？奖掖后进不落实乎？

卢嘉锡的"三省"恰好是针对自己的三重身份提出的三方面要习：作为国家高级领导人，他奉行"谋忠"；作为科学家，他追求创新；作为教育家，他注重"掖后"。卢嘉锡以此自律、自励，他的谦逊高洁的品格，他的无私奉献的精神，无不令人由衷敬仰。

1994年，卢嘉锡和林文皎女士结婚。卢嘉锡的生活中重新充满了爱的阳光。这温暖的阳光，终于融化了逊玉病逝后，卢嘉锡心中结下的冰块。

卢嘉锡始终关心着祖国科学事业的经济建设。1995年5月，全国科技技术大会召开前，正式分布了《中共中央、国务院关于加速科学技术进步的决定》。《决定》明确指出："中共中央、国务院决定，坚定不移地实施科教兴国的战略。"

此时，正在医院住院治疗的卢嘉锡。按捺不住内心的喜悦，当天就出了医院。

从新中国成立前的立志"科学救国"，远涉重洋，去欧美求学，到新中国成立后的"科教兴国"，他学而不厌，诲人不倦。如今，梦想就要变成现实，他怎么能舍得躺在医院里，安安静静地看着别人大干事业呢？

卢嘉锡从科学圣殿、三尺讲台上走来，成为20世纪后期登上中国最高政治舞台的少数科学家之一。然而，在内心里，他还是希望做一个不断攀登科学高峰的学者。他一向反对别人称他官职，常常以"教书匠"自诩，喜欢年轻人叫他"卢先生。"

卢嘉锡对各种社会荣誉头衔也极为淡漠，甚至为自己头上的这种"帽子"太多而不胜烦恼。他曾和苏步青教授开玩笑说：我戴的帽子有多少？那就是您的大号——"数不清"！

他一向对自己要求严格，外出总是轻车简从，从不喜欢前呼后拥；他坐的车也毫不显眼。为此还闹过一个大笑话：北京正负电子对撞机奠基时，中国科学院安排他主持奠基仪式。但因他的座车档次低，被警卫拦住不许进入，幸亏有位大首长的车来了，他搭便车进去，才算"蒙混过关"。

　　卢嘉锡一向平易近人，和蔼可亲，他认为自己是人民的一员，不应该和人民有距离。在工作过和单位，无论是办事员，还是清洁工，都可以和他亲切地交谈。他从不教训人，不论是下级、学生、还是自己的孩子。他对他们总是晓之以理，动之以情。别人请他帮忙，他总是尽力为之排忧解难。有客人来访，无论年长、年轻，他都彬彬有礼地送出门外。有一次，他一个在人行道上散步，迎面一个年轻人飞车而过，把他撞倒在地，新裤子也被划破了。可他从地上爬起来后，还习惯性地对那个莽撞的年轻人说了声"对不起！"

　　因为卢嘉锡一向尊重他人，他赢得了所有认识他的人的尊重。

　　卢嘉锡一向崇尚节俭，反对奢侈的生活方式。他从不挑剔衣食，也常常告诫孩子珍惜现在拥有的一切，尽量去创造生活，而千万不要随意挥霍。

　　卢嘉锡虚怀若谷，胸藏整个世界，执著、踏实地走着属于他自己的人生路，这就是他的科技救国和科技兴国路。

　　"他正在用智慧的火种，为我们脚下的这块土地铸造脊梁；他正在用勤奋的双手，为我们写着人世间的崇高与辉煌！"

愿这首感人至深的歌曲永远从我们脚下的大地，从我们干渴的心田淙淙流过；愿这位慈爱已逝老人的精神，永远走在科技的最前沿，带领我们去创造四个现代化！

卢嘉锡履历年表

1915年10月26日　出生于福建省厦门市。

1934年　毕业于厦门大学化学系。

1934—1937年　任厦门大学化学系助教，同时兼任厦门省立中学数学教员。

1939年　获伦敦大学物理化学专业哲学博士学位。

1939年8月—1943年12月　任美国加州理工学院化学系客座研究人员

1944年1月—1944年12月　任美国国防研究委员会马里兰州研究室化学研究员。

1945年1月—1945年11月　任美国加州大学和加州理

工学院研究员。

1946—1960年　任厦门大学化学教授，并历任该校化学系主任、理学院院长、副教务长、研究部副部长、部长、校长助理、副校长。

1947—1948年　两度应聘浙江大学兼职教授。

1958年　当选为中国科学技术协会第一届委员会委员、第二届委员会常务委员、第三届委员会副主席、第四届委员会荣誉委员。

1960—1980年　任福州大学教授、副校长，同时任中国科学院福建物质结构研究所研究员、所长。

1981年5月　任中国科学院院长，主席团主席、成员。

1978—1994年　当选为中国化学会第二十届理事会副理事长、第二十一届理事会理事长、第二十二届和二十三届理事会常务理事。

1984年　当选为欧洲科学院院士。

1985年　当选为第三世界科学院院士，1988年当选为该院副院长。

1987年　被聘为比利时皇家科学文学与美术院外籍院士。

2001年6月4日，卢嘉锡在福州病逝，终年86岁。

世界五千年科技故事丛书

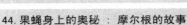